世界文明发展比较概论

A Introduction to Comparative Study of the Development of World Civilization

阎　雨◎著

知识产权出版社
全国百佳图书出版单位
—北京—

图书在版编目（CIP）数据

世界文明发展比较概论/阎雨著．—北京：知识产权出版社，2021.1
ISBN 978-7-5130-7269-4

Ⅰ.①世… Ⅱ.①阎… Ⅲ.①世界史—文化史—对比研究—概论 Ⅳ.①K103

中国版本图书馆 CIP 数据核字（2020）第 208984 号

内容提要

本书从文明的奠基与起源、博弈与兴衰、智者与启示、信仰与教育、变革与崛起、冲突与融合这六个角度分析人类社会不同文明的内涵、基因、结构、气质和文化内在动力，进而来分析人类社会发展的内在动力，揭示人类社会发展的基本规律，探索文明演进规律、中华文明复兴的世界意义，在比较研究中坚定文化自信，担当文化发展使命。

责任编辑：石红华　　**责任校对**：谷　洋

封面设计：臧　磊　　**责任印制**：刘译文

世界文明发展比较概论

阎　雨　著

出版发行：知识产权出版社有限责任公司　　**网　　址**：http：//www.ipph.cn

社　　址：北京市海淀区气象路 50 号院　　**邮　　编**：100081

责编电话：010-82000860 转 8130　　**责编邮箱**：shihonghua@sina.com

发行电话：010-82000860 转 8101/8102　　**发行传真**：010-82000893/82005070/82000270

印　　刷：北京九州迅驰传媒文化有限公司　　**经　　销**：各大网上书店、新华书店及相关专业书店

开　　本：720mm×1000mm　1/16　　**印　　张**：12.25

版　　次：2021 年 1 月第 1 版　　**印　　次**：2021 年 1 月第 1 次印刷

字　　数：192 千字　　**定　　价**：58.00 元

ISBN 978-7-5130-7269-4

前　言

笔者基于社会调研、文化现场考察、比较研究与典型案例研究相结合等方法开展文明发展比较研究，认为“欧洲中心论”“西方文明优越论”虽然构建出一套观念、理念、方法的话语霸权，但文明的多样性与差异性是人类社会的基本特征，也是人类文明进步的动力。人类文明发展进程可以凝练为文明的奠基与起源、博弈与融合、智者与启示、信仰与宗教、变革与崛起、冲突与融合、未来与希望这样一条主要脉络，其中文明的互动性始终存在。生物基因与文化基因融合的多样性造就了人类文明的多元性，其相互交织、冲突、融合、创新，是文明发展的根本动力。东方与西方文明各有短长，并无优劣之分。

文明的奠基与起源、博弈与融合章节以文明古国的共时性与历时性为基轴，论述多元古文明在政治、经济、法律、语言、宗教等方面所形成的独特活动和个性化特征。古文明通常是以本土为中心的，先民主要以独立的途径构筑自身的文明，发展出以国家主权为核心的集体主义、重农主义的农耕文明发展模式，和以私有产权为核心的个人主义、重商主义的游牧文明发展模式。异质文明之间必然存在紧张、摩擦、纠葛、纷争甚至战争，其中主要是游牧民族对农耕民族的征服。由于当时科学技术的局限性，异质文明之间的冲突仍为局部冲突，与此同时也带来了文明融合。文明经历了萌生、混合、帝国、帝国衰退的阶段。

古老文明具有典型的原始性和原生性，资源禀赋稀缺、外族侵略、市场经济、技术革命、全球化等对传统文明构成挑战，经济基础薄弱、国力衰竭地区的本土文明面临危机，应战失败的文明形态便会消亡。从文明的基因来看，人类文明主要有地中海文明、中华文明、阿拉伯文明、印度文明、美洲文明、非洲文明等文明体系。文明体系内部存在继承关系，文明之间存在博弈与融合的关系，文明因交流而发展成为不争的事实。科技与制度创新推动文明发展，文明特质及其现代性转换影响了创新。

变革与崛起、冲突与融合章节论述近代西方文明主导的历史进程。西方文明的特征之一是征服性，主张普遍主义。新教使基督教文明得以实现现代性转换，奠定了现代资本主义精神的价值内核，工业革命引发以生产方式体系性机械化为中心的变革，西方经济与军事力量的崛起，实现了农商经济体系向工业经济体系的转换，使得文明形态具有革新意义。世界大战爆发，全球化规模扩展不可逆转，超越国家的国际机构、代替地域共同体的全球共同体出现。西方资本主义国家在世界范围竞争获取利益，非洲、美洲大陆成为角逐的牺牲品，传统经济崩溃，地域文明形态重塑，古老文明强行被纳入世界体系，引发世界性文明冲突问题，从而必须在全球化视野下寻求对策。

在智者与启示、信仰与宗教章节提出孔子的仁、释迦牟尼的慈悲、苏格拉底的善、耶稣的自我牺牲对于地域文明发展具有革命性影响。世界由原始宗教以崇拜为中心逐步转变成今天以及未来的以道德、法治互补为中心。世界多元文明之间有排斥、重组，也一直向交流融合的方向发展，在精神文明领域表现为高级化与理性化。宗教因政治而兴衰，但宗教信仰本身是一种客观的社会需求，从懵懂走向理性，具有强制力与文化影响力，它孕育了风险规避、低水平重复和多重目标均衡的东方发展模式及有风险偏好且追求利润最大化的西方经济发展路径。伴随犹太教、基督教与伊斯兰教之间互不兼容的斗争，世界在文明演进中形成了今日的宗教版图，宗教需要通过理性化途径来解决人们的困惑与终极关怀，促进多元文明的正向合作与博弈。

智者的思想与宗教互鉴成为促进命运共同体形成的内在自觉，使人类文明并非仅是自然或经济领域的统一体，也在文化与社会领域凝聚成独特的有机统一体。精神文明成为丰富多彩的文明圈的重要价值要素。宗教文化影响了多元文明特定的思维形态、价值内核、生活样式、习惯、文化传统等，并对外传播，形成了今日的文明格局。宗教之间存在交流与继承的关系，异质文明的相遇方式是冲突或融合，它激发了思想的飞跃，使超越性成为可能。在异质文化中保留共生的空间，奠定了文明共存的共同理念和文化基础。

在文明的发展进程中，先进文明取代落后文明是历史事实。帝国兴衰的实质是文明的兴潜。如果没有创新和外来文明的注入，没有文明之间的博弈与融合，曾经的先进文明必然走向衰败。文明进步就是人类认知的不断自我突破，其本质是生产要素变迁导致的生产力嬗变，进而引发生产范式和生产关系全面变革，这从农业革命、工业革命、信息革命的进程中可见一斑。“人类命运共同体”思想成为共识。

目　录

1 绪论

1.1 概念界定

“文”为人之抽象思维呈现，“明”是现象的萃取与融汇。

“文明”是依据人的活动及其文化构成所达到的价值的判断尺度。[1] 文明研究的本质是关于人的研究的哲学，是在通过思维联系所建立起来的文化网络中来考察人自身和人与世界关系的哲学。其主要目的是把握和解决在不同历史时期和不同思维发展条件下人的发展特征、内涵、程度等问题，从而使今天的人们对人类的发展历程做出清醒的认识，以便决定我们今天的思维方式和行动方式。[2]

历史进程的多样性造就了文明的多元性，只有通过它们之间的比较研究，我们才能更科学地了解各种文明之间的差异和发展历程。比较文明研究是以多元文明为对象，以比较为原点，开展观察、研究、阐释、辨析、实践的全过程，无论是物质、器皿、建筑、仪式，还是宏观的文明发展模式，通过文明之间的比较研究，能更深入地理解文明发展的宏观背景、整体历程、个体与整体、多元文明个体之间的关联、兴衰、钩沉等关系。研究通过比较的视域和方法，对多元文明的演进规律与历史联系进行分析，

---

[1] 刘建军. 演进的诗化人学——文化视界中的西方文学人文精神传统 [M]. 长春：东北师范大学出版社，1998：17.

[2] 刘建军. 关于文化、文明及其比较研究等问题 [J]. 东北师大学报（哲学社会科学版），2002（2）：12.

揭示人类文明的差异、总体特性与发展趋势。

1.2 文献综述

1.2.1 关于“文明与文化”“文明发展”的研究

学术界对“文明”“文化”概念的界定，与研究的学科背景、历史背景有关，尚没有统一标准。广义的文化，是人类在社会历史实践过程中所创造的物质财富和精神财富的总和。狭义的文化就是在历史上一定的物质生产方式的基础上产生和发展的社会精神生活形式的总和。文化是相对于经济、政治而言的人类全部精神活动及其产品，是凝结在物质之中又游离于物质之外的，能够被传承的国家或民族的历史、地理、风土人情、传统习俗、生活方式、文学艺术、行为规范、思维方式、价值观念等，它是人类相互之间进行交流的普遍认可的一种能够传承的意识形态，是对客观世界感性上的知识与经验的升华。从历史的角度看，文化是可以传承的，其核心内容在相当长时间内稳定不变。民族文化区别于其他民族文化的标志，是保持文化统一性的根本因素。

在经济增长的影响因素中，文化更多的是作为制度的构成要素而被引入经济分析的。宗教信仰、道德、风俗习惯、法律等意识形态，隐藏于人们的意识之中，每时每刻、潜移默化地影响着人们的行为方式。

文明是文化发展到一定高度，从而脱离野蛮状态的一个社会阶段。在一定时间和地区内，一种文明常由多种文化汇合形成。就文化和文明而论，最简单的区别在于：一是有低级与高级发展之不同；二是有个体与综合的差异。一般来说，文化是文明形态的实践方式，文化是具体的、感性的实践行为；而文明是概括的、总体的构成。这只是相对的区分，不是一个绝对标尺，大致形成文明文化同一论、有别论、文明实体论三种理论。

文明文化同一论有两种观点：一是文化包含文明，文明是文化发展高级阶段论；另一种是文明包括文化，文化是文明之下分属概念论。我国学者阮炜认为：“文明是最大的、具有区别意义的生活共同体，在它之上不

存在能将它囊括在内的更大的实体。文化却不是最大的具有区别意义的实体，因为存在着能够将它涵括在内的更大的实体。”❶

文明与文化有别论认为：文化是各民族保持差异的关键，它表现民族的自我意识和特色，是“生活的表现”，包括宗教、美术、文学及最高的道德目的等在内的东西；而文明是社会秩序与有系统的知识，具有同一化趋向，是包括“人类所设计用来控制生活环境的整个机械作用和组织，它不仅包括社会组织的体系，同时也包括技术及物质工具等”❷。

文明实体论，斯宾格勒、汤因比、布罗代尔、亨廷顿等遵循此种观点，并不严格区分文明与文化两者的概念，有时两者混用，认为文明是文化实体、文化共同体，强调文明的整体性、综合性。在界定文明的客观因素中，认为“宗教是文明中最强有力的因素”。

相关研究形成三点结论：（1）文明指人类社会发展过程中处于高级阶段的社会状态；（2）文明亦指具有自身特定生产方式、生活方式和价值观念的文化形态；（3）文明还指拥有特定人口、地域，掌握特定文化，拥有特定价值观和行为方式，具有自身政治、经济、文化和军事整合力、动员力的文化实体——文明体。

学界在研究文明发展规律及发展方向问题上，一般都承认文明有发展，文明发展从低级向高级阶段发展。但是，对文明发展规律及发展方向，却是见仁见智。汤因比用英雄史观或宗教神秘主义观点来研究人类文明问题，把宗教看成是人类文明产生、发展的“力量源泉”和“基础”。岸根卓郎的文明论片面强调自然因素对人类文明的决定作用。这些研究都没有探索生产力和生产关系的矛盾运动，而抽象地谈论文明形态。

马克思、恩格斯用唯物主义历史观及其经济分析法论述文明发展问题，认为任何一个社会的文明，都是在一定生产力和生产关系相互作用，即社会生产方式的基础上产生的。起决定性作用的是生产力，它的主要标志是手工业的出现、文字的发明和广泛使用以及国家的诞生等。提出文明

---

❶ 阮炜．文明的表现：对5000年人类文明的评估［M］．北京：北京大学出版社，2001：53.

❷ 芮逸夫．云五社会科学大辞典：人类学［M］．台北：台湾商务印书馆，1975：68－69.

社会是阶级对抗的社会，因此，文明只能在阶级矛盾和对抗之中向前发展，这就成为文明发展的一条规律。文明从低级向高级发展，最终要走向共产主义。

1.2.2 从文明史角度考察文明发展

文明发展比较研究源于文明史研究，是历史学“跨文明”研究兴起与学科发展的必然。历史学家使用“文明”一词尚未达成共识，主要取决于学者对多元“文明”的理解层面及深度，在“文明史”研究领域关于“文明”理念和发展模式、文明比较研究内容的内涵和外延，内容非常丰富，但难免显得驳杂。

在文明史研究初期，着重以时间、国别、地域为线索阐述人类文明的发展历史，[1] 形成国别文明史、单一文明史（某一文明的历史）、区域文明史的研究体系。远古史研究者对文明的理解相对确定，远古文明史研究以探求文明的起源和早期形态为研究旨趣，因之习惯于整合地域、人口、技术、制度等要素，拥有相对具体而稳定的题材来源，建构起若干边界清晰、起止明确的历史叙事单位，诸如美索不达米亚文明、米诺斯文明、伊特鲁里亚文明、中美洲文明等，都属此类。[2]现代文明史由于受到民族国家观念的影响，通常被置于某一国名之下，形成诸如“英国文明”“美国文明”“日本文明”等。通论性的世界文明史，至现代部分亦成为区域史和国别史的汇编。也有的学者对文化作类属划分，以某种文化或族群为中心区分不同的文化复合体，如伊斯兰文明、儒家文明、犹太文明等；有的学者从意识形态角度，划分诸如西方文明、东方文明、资本主义文明、社会主义文明等。[3] 其中，基佐的《欧洲文明史》（1828）和《法国文明史》（1829—1832）以及巴克尔的《英国文明史》（1857—1861）等著作具有开

---

❶ 罗先奎．匠心独运的人类文明史研究新著——读解光云、房列曙主编的《中外文明史纲》[J]．安徽广播电视大学学报，2005（4）：123－125.

❷ 李剑鸣．文明的概念与文明史研究［J］．华中师范大学学报（人文社会科学版），2016（1）：111.

❸ 李剑鸣．文明的概念与文明史研究［J］．华中师范大学学报（人文社会科学版），2016（1）：109－111.

创性和代表性，基本奠定了此后各种文明史的基本思路和框架。基佐概括了埃及文明、印度文明、希腊文明、罗马文明、英国文明、德国文明、意大利文明、西班牙文明、法国文明的特征。巴克尔认为历史研究的一个重要目的是对影响文明进程的因素及其规律的探讨，文明二要素更偏重于精神文化。此阶段的文明史研究为综合性研究、比较研究奠定了丰富的史料和素材。

时至今日，硕果丰盈的世界文明史或全球文明史著述大多都是在宏观视野的统领之下，涉及文明比较研究的内容。❶ 美国威尔·杜兰特的《世界文明史》是举世公认的传世经典，具有全球视野，体系宏大。作者试图“把每一个时代的每一国家的整个错综复杂的现象，都加以综述。亦因其涉及面广，无所不及，但实则难以穷尽，且每一方面都难窥全豹，自不免浅薄可笑”❷。20 世纪初年，施宾格勒、汤因比开启了比较文明史的研究，深化了传统的平行研究观，提倡历史演变的多元观点。文明比较研究显示出更加宏大的视野，拓展了多元文明之间更为广泛、更深层次的关联，史学相关研究各抒己见，为全球化时代的文明比较研究奠定了多样化基础。

英国著名历史学家汤因比的《历史研究》，从宏观上透视人类八千年文明史的发展轨迹和性质，认为各文明都具有诞生、发展、挫折、解体四个阶段。他首先开始探讨不同文明之间的接触，开始了文明史书写从孤立多元并列向多元互动叙述的转变。❸ 汤因比治史，将“文明”作为历史研究单位是他的一个重大学术贡献。

从已有的各种文明史著述来看，文明史研究的突出优势在于视野宏大，涉及“文明的起源、文明诞生的最早年代、文明时代发展阶段的划分、文明的类型与数量、文明的共相与殊相、文明的继承与创新、文明的传播与扩散、不同文明间的碰撞及相互吸收与交融、文明演进的规律、人类文明的发展前景、文明与文化的异同、文明的层次与结构、文明与战争

❶ 刘文明．多元文明的历史书写：历史回顾及理论思考［J］．历史教学，2013（6）：3.

❷ 国家教委基础教育司．世界之瑰宝　民族之骄傲［M］．北京：人民教育出版社，1993：415.

❸ 刘文明．多元文明的历史书写：历史回顾及理论思考［J］．历史教学，2013（6）：3.

的关系”等题材[1]，常被作为一个整合多种资源与路径的研究和教学平台。而且，对各种“传统”的史观（如绝对的经济决定论或机械的社会形态史观）起到挑战或纠偏的作用。历史学领域的研究以过去的史实为研究对象，研究范围广，内容跨度宏大壮阔，但略显庞杂艰深，存在简单铺陈、脉络不明之短，现代性与应用性研究相对不足，开拓立场更为鲜明的文明比较研究视角具有更现实意义。

1.2.3 文明比较研究

世界大多数文明先进国家的学者都致力于人类文明理论的研究和人类文明历史的总结，创作出自己的文明理论，应该说是各有千秋、利弊共存。

著名德国哲学家斯宾格勒《西方的没落》以哲学思维的方法去思考历史问题，把世界历史看成是八种自成体系的伟大文化相继兴衰而构成的。这八种高级文化是：中国文化、埃及文化、巴比伦文化、印度文化、古典文化、西方文化、伊斯兰教文化、墨西哥玛雅文化。[2] 斯宾格勒将西方置于世界历史视野下批判西欧中心论，阐述了西方文化的危机理论，是对以往以西欧为中心的文明史的突破，对于多元文明的历史书写具有重要启迪意义。但是，斯宾格勒将各个文明看作“独立世界”，没有关注各文明之间的联系，其中观点否定历史发展的必然规律性，有悖于马克思主义的历史唯物论。

上山春平把产业革命前的农业社会和产业革命后的工业社会看作是“生产方式不可逆的展开”，产业革命“以生产方式的体系性的机械化为中心，社会与文明发生根本性变革”。马克思扎根于资本运动的经济史实中，从资本范畴出发，正确分析了“经济人”的逐利动机、理性交易、“节欲”精神、奢侈的消费精神、资本家的冒险和创业精神等经济文化现象及其实质，超越了古典“理性经济人”假设，具有方法的正确性和穿透力。

---

❶ 李剑鸣．文明的概念与文明史研究［J］．华中师范大学学报（人文社会科学版），2016(1)：108－116.

❷ 斯宾格勒．西方的没落［M］．张兰平，译．西安：陕西师范大学出版社，2008：64.

爱德华·麦克诺尔·伯恩斯和菲利普·李·拉尔夫合著的《世界文明——历史和文化》内容宽泛，力图揭示一定社会的精神文明与经济基础之间的关系。但此书的弱点正如庄锡昌先生所言："它没有自己的独到见解，也缺乏一个严密的理论构架。"❶

事实表明，在文明史的时间轴上，文明之间并非冲突或共生这样单纯的二分法，而是存在接触、模仿、敌意、竞争、差别、支配、服从、尊敬、轻蔑、融合、合作、同化等各种关系。不仅在文明断层存在冲突，文明内部也存在竞争甚至战争。

伴随资本主义全球化的发展，西方学者将西方民主制度和市场经济解读为"放之四海而皆准"的真理，成为推行单边主义的理论基础。其研究将文化因素视为经济函数的一个变量，停留在工具理性层面。普遍将非西方文明的"传统文化"视为现代化的阻力，将全盘西化作为现代化的唯一模式，将西方文明特质，如现代产权制度、自由市场体系、民主政治、理性官僚制、现代法律体系、中产阶级为主体的社会结构、科学精神、世俗化的价值体系等体现工具理性精神的制度框架与价值体系，❷ 作为现代化的唯一评价标准，将传统文化归属感解释为现代化成功与否的依据，其中，隐含着西方中心主义、文化宿命论的陷阱，旨在为西方文明的普世性提供理论基础，是一种典型的化约主义、新干涉主义。历史证明，西方模式不仅无法提供发展中国家现代化转型的真正解决方案，反而制造了冲突、陷阱和危机，根本原因是国家间经济政治利益的冲突。

彼得·卡赞斯坦强调文明的多元性与多维主义，并以之为概念框架和分析方法，用于六大文明研究，分析英美文明身份的演变、中国和平崛起时代的中国化过程。认为文明内部存在多维性，多种文明共存于一个世界；西方文明具有多重传统，内部多元化，且不是固定不变的。其集中探讨规范、认同和文化在国际国内安全中的影响问题，将建构主义的基本观

❶ 解光云. 中外文明史纲［M］. 合肥：合肥工业大学出版社，2005：266.

❷ 马克斯·韦伯. 经济与社会［M］. 林荣远，译. 北京：商务印书馆，1997.

点第一次全面地运用于实证领域。❶ 事实是，多重和多元的文明是否蕴涵着足够的创新潜力及学习能力，从而能够成功地创造出捍卫“大文明”的应对战略，这是一个尚无确定答案的问题。因而，人类的文明未必在狭义的一定时间内解决，人类有足够的时间沉淀与发展。

哈佛大学教授杜维明在《全球化与多样化》中认为面对文明冲突将要到来的警告，文明对话不仅仅是一个愿望，更是一种现实需要。

日本福泽谕吉的《文明论概略》被誉为东西方文明初次交汇的路口上一个醒目的路标；❷ 伊东俊太郎的《比较文明》奠定了比较文明论的基础，提出基本文明、周边文明、文明交流圈的理论。❸

汤一介教授指出，随着21世纪的到来，人类进入了一个文化多元、文明对话的新阶段。这个时代需要我们站在新的起点上重新认识、重新估计人类文明的历史与价值。

在信息技术的广泛链接下，世界经济的信息技术——经济范式加速形成，多元文明共生是世界经济秩序的基本特征。事实上，同质文明内部和异质文明之间存在不同程度的冲突，但不能简单地将冲突归因于文明，文明异质性决定经济发展逻辑、制度与实践表现形式存在多元性，需要对其从生产力发展水平、制度变迁、传统经济伦理等多维度进行系统审视。

面对文明比较研究中存在的西方中心、文明扩张等研究，从研究文本和传统史料里发掘是远远不够的，本研究运用田野调查等实证方法，深入文化现场更客观理性地考察文明立意与主旨、逻辑思维、发展模式、价值意义与利弊、演进趋向，真正探索文明的发展基因，促进多元文明的交流和繁荣。多元文明发展轨迹的整体性考察与比较性研究显得尤为必要。

---

❶ 彼得·J. 卡赞斯坦. 世界政治中的文明：多元多维的视角［M］. 上海：上海人民出版社，2018.

❷ 辛剑. 一部写在东西方文明交汇之际的书：读《文明论概略》［J］. 读书，1984（12）：45－51.

❸ 范作申. 伊东俊太郎的比较文明论［J］. 日本学刊，1992（2）：144－152.

1.3 研究方法与工具

本研究以唯物史观为指导，在充分掌握史料的基础上，研究过程中综合运用多种研究路径和研究方法。

（1）历史文献研究。研究过程中，参阅国内外相关学术论著和第一手资料，坚持逻辑和历史相统一的方法，以逻辑思维方法，由简入繁，整理归纳代表性学者和代表性著作的主要观点，结合引发社会文化环境变迁的外部和内在原因对每一个观点取舍做出动态考察，探寻史实背后的文明发展规律。

（2）理论分析法。在研究过程中，依托学界已经形成的理论和概念进行分析、总结，选取独特视角深入分析。

（3）田野调查研究。研究者进入文明发生的现实背景，通过深入实地直接观察、访谈、居住体验、文化现场考察与调查、社会文化环境调查、文化习俗观察参与、真实记录等参与方式获得宝贵的第一手研究资料，再现文明演进的环境、脉络与意义，避免纯文本研究的先入为主，强调在真实记录与理论分析基础之上加以阐释、联想、比较、抽象、超越性思考，突出研究问题的独特性、现实性，形成新观点、新判断、新视角，启发新思想，为文明比较研究奠定坚实基础。

（4）实证研究。社会调研、文化现场考察与典型案例研究相结合，尽可能做到理论与实际相结合，严格按照实证研究方法，保证研究的可靠性和客观性。

（5）比较研究。文明比较研究是一种史论结合的比较研究。世界文明总体规律的比较研究，以文明关系与性质为中心，考察文明发展总体规律、文明的差异和特性。文明关系与发展前景的研究是本研究的价值与意义所在。比较研究应当超越不同类型之间横向、纵向简单比较的局限，在全球文明更广阔的视域范围，考察开放性的体系与多样性的模式，与历史逻辑和现实相结合，一方面是不同文明特质、文明之间关系史的溯源，另一方面是发展模式的比较。不同文明之间的比较研究应当以“文化多样与文明共存”观念为指导，不同文明之间的同一性与差异是辩证存在的，在全球化语境下通过多种文明的历史与现实的研究，进一步提炼深化文明演进规律，建立文明体行为和文明发展脉络之间的关联，总结规律，有力推动世界文明的共同繁荣。

（6）跨学科研究方法。研究中涉及经济学、政治学、法学、管理学、社会学、人类学、传播学等诸多学科的知识，对相关理论进行分析、归纳、演绎、融合，并运用五力模型等管理学工具与模型系统分析文明演进历程，提高研究的全面性和深入性。

（7）跨国史研究方法。彻底打破历史研究中的“民族—国家”约束，以多元文明兴衰为参照系，基于理论分析和价值判断，在更广阔的时空视野，关注历史、意识形态和文化观念等作用形式，开展跨学科、跨国别研究，兼容并包，融会贯通。

1.4 研究意义

1.4.1 解析文明演进兴衰的内在规律

人类文明发展之路悠久漫长，汉谟拉比法典的价值、希腊城邦民主的多元、中华文明的鼎盛、海洋文明的殖民与贸易、军事帝国的快速扩张与衰落、文艺复兴、工业文明、一战、二战，等等，人类文明发展历史舞台上演了一幕又一幕悲喜剧，有的鲜活生动，五彩缤纷，却如昙花一现，有的光辉灿烂，绵延不绝。

面对珍珠般散落的文化遗迹和浩瀚庞杂的史料，当代人越来越希望凝练冗长繁杂的文献史料，抽丝剥茧，以理性精神和现代视角解读人类文明兴衰更替背后的动因，使认识的有限空间不被琐碎的历史资料占据，提炼出清晰的脉络，将具体的史实整理成各自独立又相互联系的专题，既有每一个主题的分支阐释，又形成具有整体性的历史架构，这就需要研究者改变以往研究的惯性，另辟蹊径。

《世界文明发展比较概论》提供了一个明晰而独特的视角。本研究将人类文明的发展进程梳理成一条主线：文明的奠基与起源、博弈与兴衰、智者与启示、信仰与宗教、变革与崛起、冲突与融合、未来与希望。在每一个专题中不仅客观描述不同区域人类文明实践活动及其结果，更进一步上升到文明发展的动力研究层面，解读每一种文明所蕴藏的内涵、基因、结构、气质，在政治、经济、文化等方面的表现，及其逐步发展变化、与其他文明的联系等。深入探究为何有的文明湮没在漫漫黄沙之下，最终退出历史的舞台，而有的文明可以传承进化，自我演进。本研究旨在脉络清晰、简洁明了地呈现人类文明发展演进进程的同时，剖析文明兴衰的内在规律。

1.4.2 基于时代背景审视文明演进

几百年来，不同时代、不同国籍的学者基于自己的立场、背景，对跌宕起伏的文明发展提出不同的解读。以黑格尔为代表的欧洲中心论，即一元的发展阶段论，强调东方—希腊—罗马—中世纪基督教—近代西方文明—西方文明世界化的理论；斯宾格勒的“多文化圈论”否定了“西方中心论”的文明历史观，把西方文化视为诸多世界文明之一翼，初步确立了文明研究的理论体系框架。

在全球化背景下，世界上各种不同的文化或文明加速流动，文明冲突主张盛行一时。根据文化圈理论，文化圈的形成是因宗教信仰的日益盛传而勃兴，也必然随着其弱化而减损。近代以来，文化板块的形成和地缘政治、经济利益的关系越来越密切。文化圈的边界开始模糊不清，文化圈开始变得结构松散，分化为更多极、多元的杂交性质的文化板块，❶ 文化板块之间的冲突极易引发文明冲突、对立、互异、危机和失落。而这正是中国学者自觉审视文明演进脉络的时代背景。

本研究以丰富多彩的文明演进博弈之旅，理清文明更替脉络，帮助读者在各种文明观轮番登场的时代，从历史深处考察文明发展的曲折历程，思考不同文明基因的发展方向、兴衰的逻辑、历史进程中的命运、对于世

❶ 孟昭毅．东方文明区域·文化圈·文化板块［J］．北方工业大学学报，2016（2）：34－39.

界的意义、在当今文明版图中的位置、对于未来的启示，进而架起不同文明之间理解沟通的桥梁，在深入分析文明衰落、继起、演进规律的基础上，努力增进当代不同文明之间的宽容和理解，提出文明对话、交融、渗透、共存观，摆脱文明冲突的桎梏，成为文明对话的支持者和推动者。

1.4.3 基于文明格局的思考把脉发展趋势

在历史研究中，各种历史理论流派灿若群星，每一种流派又有许多代表人物。各派观点不同，即使同一派中的不同历史学家观点也不尽相同，历史研究的复杂性不难想象，这就进一步增加了读者从宏观来认识和把握历史事实的难度。历史就像一个宝库，真实的历史研究不仅有事实的基础，更在于反映历史事实背后所蕴含的思想和精神。文明发展比较研究就提供了一个深刻的考察视角，基于文明演进脉络与重要史实的整合性分析，在阐述历史事实的基础上侧重分析背后的成因、思想、观点、文明演进动力与机制，是超越具体史实的对于文明格局的思辨。

当今世界有2000多个民族，分布在200多个国家和地区。对于当代世界格局和民族文化的理解，必然要开展文明比较的研究考察。马克思主义哲学认为，社会是一个结构复杂的有机体，促使这个有机体发生变革的力量是一个复杂的系统。恩格斯指出："政治、法律、哲学、宗教、文学、艺术等等的发展是以经济发展为基础的。但是，它们又都互相作用并对经济发生作用，并非只有经济状况才是原因，才是积极的，其余一切都不过是消极的结果。这是在归根到底总是得到实现的经济必然性的基础上的互相作用。"[1]这一观点为人们清晰认识人类历史发展的动力系统提供了指引和方向。

季羡林先生提出："一个民族的文化发展约略可以分为三个步骤：第一，以本民族的共同的心理素质为基础，根据逐渐形成的文化特点，独立发展。第二，接受外来的影响，在一个大的文化体系内进行文化交流，大的文化体系以外的影响有时也会渗入。第三，形成一个以本民族的文化为基础、外来

---

[1] 马克思恩格斯选集：第4卷［M］. 北京：人民出版社，1995：732.

文化为补充的文化混合体或者汇合体。这三个步骤只是大体上如此，也绝不是毕其功于一役。这种发展是错综复杂的、犬牙交错的，而且发展也绝不会永远停止在某一阶段，而是继续向前进行的，永远如此。”❶

本研究基于丰富的跨时空文明演进案例，提出：“如果没有创新和外来文明的注入，或者文明之间的博弈与融合，这个文明必然走向衰败。”力求坚持以文明发展的逻辑解读历史，为文明发展梳理出一个大致的脉络，并为人类文明未来发展趋势把脉。

本研究专门用“智者及启示”一章分析人类思想的高峰，回归宗教信仰的源头，分析孔子的仁、释迦牟尼的慈悲、苏格拉底的善、耶稣自我牺牲所产生的革命性，剖析犹太教、基督教与伊斯兰教之间互不兼容斗争的缘起与今日中东的资源诅咒，等等，以此为核心开展宗教信仰、冲突、变革、崛起的文明演进脉络与动力机制分析，因而在各式各样的文明形态中提炼出发展主线，力图抓住历史事实的主流和本质，而非细枝末节和面面俱到。基于此，为当今多元民族与文化圈的形成提供了一个清晰的分析视角，从文明源与流的考察，逐渐汇聚成文明考察的海洋。正是在多元文明比较、演进的研究中，史料才更加鲜活，对于各民族文化观点的理解才更加清晰、深刻。

在当代国际现实冲突与全球化并行发展、国际行为主体协调与合作日趋复杂的现实背景下，对于主要世界文明体之间的历史纠葛与演进必须给予慎重的考量，文明发展比较研究是设计世界秩序时必然考虑的重要课题。所有的中国人都已经担负起文化复兴的历史使命，加强对于文明演进理路的深思，将有助于加深对于全球政治、经济、文化互动关系的理解。

区别于传统的历史分期、国别史、地区史等研究范式，本研究力图从文明思想演进及文明博弈的视角考察关键历史事件，挖掘世界主要文明兴衰背后的动力、机制、相互联系和影响的规律，这是本研究的重要意义所在。由于人类文明内容复杂的特点，文献资料的涵盖程度、文献剖析的深入程度制约了笔者全面、系统的理论认知，研究亦有待进一步深化。

---

❶ 季羡林．简明东方文学史：绪论［M］．北京：北京大学出版社，1987：8.

2　起源与奠基

早期文明具有原生性和原始性，文明变迁动因不同，方式各异，而非共同进化，文明程度可以通过语言文字、社会稳定性（宗教、法律、阶级、等级）、国家组织的地位、纪念性建筑、聚落与城市化、精确的实践性科学发展等进行相对清晰的区分。

早期农业文明由于人口的增长以建立和维护灌溉系统所需的协作劳动，集中式管理随之出现，而集中式控制的现状改变了社会的政治组织。最早的文明由祭司控制，但是随着人口的增长和城邦间冲突加剧，权力逐渐转移到军事领袖手中。王权权力来源于统治者保持超自然能力、运用军事力量的能力，发展出集权制、官僚制、委任制等管理制度，土地制度由集体所有制向机构所有制、私有制演化，以维系农业高产，保证征收到足以应对国家开支的税收，巩固王权的实际地位、维持国家统一、巩固政府权威至关重要，形成以国家主权制度为核心的集体主义发展模式。早期文明的政府形式为君主专制、民主政治、寡头政治、暴君政治、军事独裁政治等。早期文明被卷入周期性暴力之中，暴力最终摧毁了早期文明的经济，人口萧条，文明衰败，如古埃及文明、古典玛雅文明、印加文明。

在农业生产条件受限的区域，发展出畜牧业、远距离贸易，形成独特的产业优势，以追逐利润为目的形成贸易、掠夺、殖民三位一体的生产方式，形成以产权制度为核心的个体主义发展模式，引发经济模式、市场模式的变迁，加剧对农业文明的侵略和原始积累，发展出海洋文明、游牧文明。

2.1 古巴比伦文明与法治

2.1.1 古巴比伦与汉谟拉比

两河流域就是我们今天所说的位于叙利亚东部和伊拉克境内的幼发拉底河和底格里斯河流域。这是两条从远古流淌至今的中东地区的大河，两河流域之间是肥沃的三角洲，这块三角洲有一个非常美丽的古希腊语音译的名字，叫美索不达米亚（Mesopotamia）。美索不达米亚的意思就是大河中间的地方。

在《圣经》里，美索不达米亚被描述为亚当和夏娃的伊甸园，是人间的天堂。在这个地方，诞生了人类最早的文明。文明的四大要素是城市、农业、冶炼技术、文字。而在公元前3500年，这里就已经具备这些要素，并有人类最早的城市、最早的设施、最早的神话、最早的药典，等等，因而成为整个西方文明的摇篮，并先后产生了苏美尔文明、阿卡德文明、巴比伦文明和亚述文明。

在四大文明里面，巴比伦历史悠久，整个古巴比伦的历史约300年（约公元前1894—前1595年），新巴比伦王国不足百年（公元前626—前538年）。公元前21世纪后期，苏美尔乌尔第三王朝灭亡。阿摩利人建立了伊新和拉尔沙两个国家。公元前19世纪初，阿摩利人的阿姆纳努姆部落摆脱伊新的控制，其首领苏木阿布在公元前1894年建立巴比伦王国，又称古巴比伦第一王朝。

古巴比伦最辉煌的时代是在公元前1792年前后，因为这个时候古巴比伦王国出现了一位伟大的君主，即汉谟拉比。汉谟拉比是励精图治的一代君王，他积极发展农业，兴修水利，发展经济，扩军备战，加强军事训练，对内实行中央集权统治，对外开疆拓土。公元前1787年，汉谟拉比开始开疆拓土，对两河流域一系列的邦国进行征服，先后灭掉了伊新、拉尔萨、马里等城邦。除了亚述以外，整个两河流域都在汉谟拉比的铁腕统治之下。

汉谟拉比不仅征服了这些国家，还给这些国家带来了实实在在的文明。这些文明包括他制定的法律、政策。在法律方面最能够代表汉谟拉比丰功伟绩的就是《汉谟拉比法典》。

《汉谟拉比法典》是人类历史上第一部完备的法典，法典的内容主要以汉谟拉比为自己的世俗政权定法理为主，来证明自己君权神授，在法典里面采用了三段式表述方法——序言、正文、结论，这是法学上很重要的规范文本表现形式。而且这部法典运用了刑法和民法的概念，强调公平、公正等法律基本精神。更可喜的是，这部法典近乎涵盖了法律的所有基本领域，包括民事诉讼、刑事诉讼等。此外，其基本上是一个司法判例的汇编。虽然这部法典是在讲述神的意志，但是它特别强调这部法典不是神定的法典，而是世俗的法典，要求每个人都要遵守。

2.1.2 古巴比伦灭亡

在宗教传说中，古巴比伦灭亡的原因很简单，因为巴比伦人要建一座通天塔，由此登上天堂，上帝很愤怒，就发了一场洪水，于是古巴比伦灭亡。

其实古巴比伦灭国的真正原因，是汉谟拉比死后，他的继承者没有像汉谟拉比一样强大的控制力，国内多地出现暴动，奴隶逃亡严重，加之古巴比伦这个国家地处交通要道，没有战略纵深的空间，没有天堑可以防守，北方的赫梯人、东部山区的加西特人会来掠夺。游牧民族的生产力最重要的是两个：放牧与战争。所以，赫梯人、加西特人在古巴比伦最薄弱的时候入侵。

约公元前1595年，古巴比伦王国被赫梯所灭，赫梯后来又被亚述吞并，之后在公元前612年，亚述又被迦勒底王国也就是新巴比伦王国所灭，迦勒底王国后来又被波斯帝国所灭。所以，两河流域的政权更替频繁。这就说明，在此很难形成类似中国稳固的王朝和政权。因为这里就是一个交通要冲，且是沙漠之中最富庶的地方，所以周边竞争者众多，国家发展得文明、富庶，亦成为众矢之的。

古巴比伦王国灭亡了，但是它的文化基因得以保留，精美城池的遗址、《汉谟拉比法典》、数学、神学、建筑学的启蒙传播于世，巴比伦的文化基因仍然存在于欧洲和中东的土地上，这就是亡国与亡种的区别。巴比伦人亡国而没有亡种，因为他们的文化至今保存。独特而辉煌、灿烂的巴比伦文化和更为古老的苏美尔文化一起，成为人类文明发展历程中璀璨的明珠，对中亚地区文明的发展起到了非常重要的作用。当然，现在生活在两河流域的主要是阿拉伯人。他们所信奉的是伊斯兰教，虽然已经不是完整的巴比伦文化，而是通过变异，形成了不同的文化流派，但依然传承了巴比伦的文化基因。

2.1.3 古巴比伦的文明贡献

以古巴比伦为代表的两河流域创造了世界最早的学校、现存于世界最早的法典《汉谟拉比法典》、世界最早的药典、世界最早的太阴历（太阴历是苏美尔文明时期制定的，并非巴比伦人的创造）、世界最早的园林、世界最早的文学、世界最早的情歌、世界最早的图书馆，等等，而这些对人类文明的传承影响至深至远。所以，虽然巴比伦已经离我们远去，但是巴比伦的文化依然是世界文化重要的组成部分，是鲜活、动态、具有生命力的。

可以说，巴比伦人是辉煌灿烂文明的缔造者，虽然只有短短的300年，但是它对人类的贡献是很大的。比如在天文学方面，他们精确地利用了太阴历，计算出来一年12个月，一昼夜24个小时，平年354天，闰年383天或384天。基于他们的经验积累，迦勒底人即新巴比伦人进一步推算出一年是365日6时15分41秒，比近代的精确计算只多了26分55秒。当时是在三四千年前，巴比伦人就有如此精确的计算，他们的数学也是相当发达的。而且，当时巴比伦人发明的六十进制，至今还在沿用。巴比伦文明存在时间短暂，但是它承前启后，给人类所带来的影响，特别是对西方文明的影响，是极其深远的，对巴比伦的描述，出现在《圣经》的许多篇章之中。

关于古巴比伦文字，其实应当先谈苏美尔人，因为苏美尔人发明了人类最早的文字，也就是楔形文。巴比伦人把这种文字又进一步地继承、发展，甚至到了巴比伦时期，已经出现了书法艺术。《汉谟拉比法典》上楔形文的雕刻非常精美。楔形文经过巴比伦人的加工，变成了一种更加成熟、更加精美、具有书法美感的文字。后来，楔形文字又传播到整个中东地区，是当时各个古国之间交换外交文书的通用文字。后来出现的字母文字是在楔形文字的基础上发展而来的。

巴比伦可谓“永不消亡”。虽然巴比伦这个国家早已湮没于历史的尘埃，如今只能看到巴比伦时期的一些断壁残垣和文明废墟，但是巴比伦文化的基本元素还存在于西方的主流文明中。

西方文明注重契约，契约精神是西方文明一个最基本的特质，而契约就是法律。法律的精神来自哪里？有很重要的一部分来源于《摩西十诫》。《摩西十诫》产生于什么时期呢？公元前1300年到前1200年。那么《摩西十诫》是从哪里借鉴来的呢？笔者的推论是来自《汉谟拉比法典》。汉谟拉比在他的法典里非常明确地记载了人与神之间的关系，记载了关于人与人、人与社会这样基本的伦理关系和法律责任。《摩西十诫》其实就是人生之约，影响了整个西方立法的基础。另外，英美法系，即海洋法系最重要的一个特点是案例判罚。案例判罚最早就是出现在《汉谟拉比法典》里。

今天的英语源自拉丁语，英语中的前缀、后缀也都是两部分组成的——一个是楔子，一个是形状，这些都是复合词，而这一切都和楔形文字有关。正是楔形文影响了整个欧洲。楔形文对拉丁文的影响，对现在英语、法语、德语的影响，都是非常深远的。

所以，虽然巴比伦亡国了，“巴比伦”成为一个历史名词，但是巴比伦的文化以及巴比伦所代表的两河流域文化，依然鲜活地存在于当今世界中。

2.2 古埃及亡国又亡种

2.2.1 埃及文明的演进

埃及是世界四大文明之一古埃及文明的发祥地，金字塔、狮身人面像、木乃伊为世界瞩目。古埃及的历史可以追溯到公元前4000年左右。当时古埃及人已经开始使用金属工具，随着生产力的发展而产生了私有制度和阶级关系。约公元前3100年，上埃及的首领美尼斯领兵征服下埃及，建成了统一的国家，即第一王朝。

公元前2686年，埃及第三王朝建立，第一位国王乔赛尔建造了第一座金字塔。埃及当时的法老们都为自己建造了金字塔，比如胡夫金字塔，所以这个时期也被称为金字塔时期，这也是古代埃及文明中最光荣、最辉煌的时期。

当然，古埃及文明的进程并不是一帆风顺的。埃及南部有一个国家叫努比亚（古埃及人称其为库什国），曾经被埃及各朝法老多次入侵掠夺。这个国家于公元前8世纪强盛起来，由于羡慕古埃及的文明，于是把埃及占领了，创立了古埃及历史上的第二十五王朝即努比亚王朝。努比亚心悦诚服地全盘吸收埃及的文化、制度和国家模式。其首领也号称自己是法老，这在历史上就出现了一个特别有趣的现象，在古埃及31个王朝、3000多年的历史里，居然出现了6个黑人法老。

古埃及前前后后还被亚述、波斯、马其顿征服过。这几个阶段有一个共同的特点：古埃及虽然亡国了，但是古埃及的文化、宗教依然存在，所谓亡国而未亡种。那么，古埃及就有复国的可能，历史上还真的有这样的机会。马其顿的统治者亚历山大大帝去世之后，政权由他的弟弟腓力和他自己还没有出生的儿子，即后来的亚历山大四世继承。这两位继位者虽然生在帝王之家，也获取了君王的权力和地位，但是生性懦弱无能。当时，古埃及一个名为托勒密的将军，被亚历山大任命为埃及总督，其抓住机遇，在公元前305年自称法老，重新复国，托勒密王朝延续了近300年，直到公元前30年，古埃及被罗马帝国征服。

被罗马帝国征服后，古埃及的情况就发生了变化。一开始罗马人是信奉希腊多神的宗教文化的，所以对古埃及的文化很包容，多神教的一个特点就是相对有包容性。但是在392年，罗马皇帝狄奥多西承认基督教为国教。既然基督教是国教，就代表着国家的意志，其他的宗教就都成为非国家的宗教、民间的宗教。而基督教是一神教，即除了上帝之外，其他的神都是邪神。不信奉上帝的就是异教，所以狄奥多西下令把所有的异教、邪教全部毁灭。这个时候，古埃及文化彻彻底底地消亡了。

公元395年，狄奥多西在去世之前把帝国一分为二，交给了他的两个儿子，这就形成了历史上所谓的东罗马帝国和西罗马帝国。而埃及依然属于罗马，实际上属于东罗马帝国。公元640年，阿拉伯人攻入埃及，642年占领开罗，埃及被阿拉伯人占领，阿拉伯人信奉伊斯兰教，信奉唯一的真神安拉，建立了阿拉伯国家。

这个时候，埃及如果还有残存的一点文化，那么，经过伊斯兰教12个世纪的熏陶，也被彻彻底底地洗涤一清，古埃及文明彻彻底底地湮没在历史的长河中。进入20世纪，虽然埃及获得了独立，后来又建立了共和国，但是埃及人传承的是阿拉伯文化，古埃及的文化与今天的埃及几乎毫无关联了。

2.2.2　古埃及文明的致命弱点

古埃及的文明是强大、璀璨的文明，但是有一个致命的弱点，就是古埃及文明只限于古埃及的贵族阶层，由精英阶层掌握，所以古埃及的文字基本都是宗教人士和贵族使用，大部分国民是文盲。当亚述、希腊、波斯、马其顿征服埃及以后，特别是希腊，征服埃及以后用希腊文字作为官方的语言，所以真正掌握埃及文字的人就越来越少，到最后古埃及文字彻底消亡。

文字是一个文明的标志，文字消亡，文明自然就消亡了。有生命力的文字必须下行到普通人中间，进入普通人的生活，就像中国文字，不管谁要征服中国，只要来到这片土地，就要学习和运用中文。还有一些地区，比如亚洲的菲律宾，曾经被西班牙、美国、日本殖民，但是菲律宾文化得以保留，为什么呢？因为他们的语言自古以来传承至今，所以只要有机会就可以复国。当然，菲律宾还不是最典型的国家，其他很多国家都是这样的，它们可以被灭亡，却总是有机会复国，但古埃及复国是断无可能的，原因很简单，古埃及的文化彻底地消失了。一旦文化消失，这个国家所有的文明就都随之沉没到历史深处，也就是说，古埃及断无复国的可能。

古埃及亡国的同时还亡了种，如今埃及土著也就是金字塔时代的埃及人已经没有任何踪迹了。现代考古发现，古埃及人的长相是黑头发、低额头、黑眼珠、直鼻子、宽脸型、古铜色的皮肤，从这些特征来看，他们不是黑人，也不同于白人，而是棕色人种。

据考古发现，古埃及地区先后出现过克鲁马努人、亚美人、尼格罗族等，这说明，在这段时期，不断地有民族在这里进出，再也不见纯种的埃及人，也就是说建造金字塔的那一批埃及人的种族完全消失了。

创造古埃及文明的人到底是什么人种，没有科研实证，所以说古埃及亡了国又亡了种。这就是埃及文明蜕变的过程。

2.2.3 古埃及灭国的原因

为什么如此富饶强大、拥有璀璨文明的埃及会被征服、被灭国呢？这就要看埃及所处的地理位置。

古埃及的文明之所以能够如此厚重、饱满、光鲜，根本原因在于有一个优越的地理环境。首先，古埃及处于尼罗河的下游，尼罗河定期泛滥，会把上游肥沃的土壤带到下游。尼罗河定期的泛滥使两岸的土壤十分肥沃，并且每年都有一次肥料更新。所以古埃及人在尼罗河河畔种庄稼，不需要休耕。

其次，埃及深处沙漠之中，水资源十分宝贵，尼罗河两岸几十公里范围内都是肥沃的土地，下游形成了水草丰美的三角洲，数百公里都是非常丰富的农业资源，正是因为这一点，才能够培育出古埃及文明。这一点反倒说明一个问题，物质是精神的基础，有了这样充沛的物质资源，有了这样发达的农业，古埃及人就可以有精力去创造发明，建造金字塔，建造法老的陵墓，进行文字的创造，等等。

但是优势往往也是劣势。在整个大漠深处，其他国家都比较贫瘠，只有古埃及发达富庶，所以一些游牧民族早就垂涎三尺，古埃及面临的是众强环伺的状况。此外，古埃及内部争斗不断，贵族之间争夺法老的位置，消弱了他们的国家力量。而古埃及又常年兴建重大浩繁的工程，比如建造金字塔，当时搭建如此恢宏的建筑，对国力的消耗是显而易见的。还有一个因素是天灾。尼罗河河水泛滥，有时候轻，留下的就是肥沃的土壤；如果很严重，可能会把原来的筑基冲刷一空。

所以，这几个因素基本就决定了古埃及充满内忧外患，不可能是一个高枕无忧的国家。

自公元前18世纪起，很多外族就开始入侵埃及，比如埃及的第15王朝和第16王朝，就是由从西亚侵入埃及的喜克索斯人建立的，在第三中间期遭遇利比亚人入侵，在第19王朝第五年和第20王朝时期，两次遭到“海上民族”的大举入侵，后来古埃及先后被亚述、波斯、马其顿所征服，乃至到最后被罗马征服，也就在所难免。

古埃及被征服说明了什么呢？它的地理环境成就了它，但也是它败亡的一个前提。一个国家必须有危机意识，使之富庶强大的，往往也可能成为其未来灭国的一个基本原因。古埃及法老们明显在危机管理方面准备不充分，他们相对保守、小富即安、缺乏危机管理的意识，是古埃及灭国的一个主要的内部原因。

2.2.4 中华文明与古埃及文明的比较

中国和古埃及都是文明古国，这两个国家的命运却有很大不同。

中国和古埃及有很多的相似性，比如，都起源于大河流域，古埃及起源于尼罗河，中国起源于黄河与长江；这两个民族都是以农业为主，在建筑学、天文学方面有突出的成就；中国和古埃及都遭受过多次侵略，当然古埃及比中国更严重一些，经历得更早一些，被周围的游牧民族国家不断地侵略。

中华民族是一个融合的民族，如果就中国主体民族汉族而言，汉族也曾经遭受过游牧民族的侵扰，比如秦汉时期的匈奴人、魏晋时期的鲜卑人，但是中华文明依然存在，而且游牧民族征服者心甘情愿地学习中华文化，这就是中华文化的一个特点——强大、有韧性、包容，而这些是古埃及文明所不具备的。

古埃及文明不具有包容性，原因很简单，因为古埃及文化只限于精英阶层，而中华文化下行到普通大众，特别是隋朝以后的科举考试，让寒门子弟跳过龙门，成为政府的一员，这激励着大量的社会底层人民学习文化、传承文化。中华文化是一种大众化的文化，古埃及文化是贵族文化，是祭司文化，是非常脆弱的文化。

古埃及的灭亡给我们一个最重要的警示就是，他们面对外来文化的进入、渗透，没有积极主动地去吸收，变成自己的文化来强大自己。这与古代中国有很大的不同。对少数民族的文化，中国古代汉政权都会积极地借鉴，直到今天各民族共同组成中华民族。比如，古代的汉族人都是席地而坐的，少数民族则使用桌子、板凳，那么汉族人也学着用桌子、板凳，不再坐在地上，就避免了寒气入侵。以前汉族人睡觉一般睡土炕，少数民族则睡床，称为胡床，汉族人也很快接受了。后来汉族人还学习胡人的军事技术，其中最简单的就是学会了使用马镫。汉人骑马当初是没有马镫的，在战争中人是不能离开马背的，而汉人学习借鉴胡人的骑射技术以后，双手就被解放出来了。正是这种强大的学习力、包容力，中华文化越来越强大，生命力越来越强。

而古埃及的文化永远是限于贵族之间的自我把玩、自我欣赏。不管是多么高贵的文化，这种顾影自怜的结果只能是越来越脆弱，最后灭亡也就不足为奇了。

2.3 奥尔梅克文化是美洲文明之母

2.3.1 奥尔梅克文化的发现

奥尔梅克文化距今有着3200多年的历史，它的文化发现却只是不足百年的事。最早发现的奥尔梅克遗物是巨大的石刻头像，存放于墨西哥的人类学博物馆中，雕刻技艺非常精湛。其中有的重达20吨，竖在博物馆最前面，所以，进入博物馆看到的第一件文化遗物就是奥尔梅克的巨型石刻头像。1938年，墨西哥的一支考古队在墨西哥的拉文塔发现了这种巨型石刻头像，总共有11颗。这些石像体量之大、雕刻之精美，在公元前1300年是非常难得的，特别是出现在与世隔绝的美洲地区。

当时，考古队还发现了大量的巨型建筑，包括金字塔式台庙、做工精美的玉器，还有美洲虎的神像、羽蛇神像以及凤鸟神像，等等。这些神像都是当时奥尔梅克的标志，或者说图腾。

奥尔梅克文化延续了将近1000年，在公元前400年消失了。但是奥尔梅克所留下来的金字塔式台庙、宫殿建筑、精美玉器以及美洲虎、羽蛇神等，这些文化却深深地影响了整个美洲大陆。

可以这么说，美洲虎的崇拜、羽蛇神的崇拜、金字塔式台庙，是整个美洲文明的一个共同元素。也正是基于这一点，我们可以得出这个明确的结论：奥尔梅克文化是美洲文明的源泉。

2.3.2 殷人创造了奥尔梅克?

奥尔梅克文化是当地人创造的吗？最早提出这种疑问的是西方人。西方人认为，当地人不具有这样的文化素养，创造奥尔梅克文化的是殷人，也就是我国殷商时期的人。因为周文王、周武王的革命，殷朝覆灭，一部分王室成员到海上避难。白鸟库吉提出，殷人可能是经由朝鲜移居美洲大陆的。[1] 奥尔梅克人用活人祭祀，活人祭祀文化在中国殷商时期非常流行。那个时候，中国无论是战争、重大的祭祀活动、重大的外交活动，都有人祭，就是杀人祭祀。在殷墟发掘的墓葬中表现了当时的活动场景。

活人祭祀也不独在中国殷商时期存在，其他地方也有类似的仪式。经过进一步研究发现，殷商人其实是拜鬼的，比如《礼记》中就有“殷人尊神，率民以事神，先鬼而后礼”的记载。在奥尔梅克也有鬼神崇拜。他们最早崇拜的神有羽蛇神、太阳神，他们的神和殷商时期对鬼的崇拜或者说对鬼神的崇拜有相近之处，就是都需要用人身来喂养神。奥尔梅克人认为，太阳之所以东升西落，是因为它的动力来自人身的祭祀，所以要不断地祭祀太阳神。而中国殷商时期其实也有类似的文化。

在奥尔梅克文化中出现了大量的抽象符号，进一步研究会发现这些符号跟殷商时期的甲骨文非常相近。还有一个更有趣的现象是，奥尔梅克除

---

[1] 范毓周. 殷人东渡美洲新证 [J]. 寻根，2011 (2)：23.

了崇拜美洲虎和羽蛇，还非常崇拜凤鸟。凤鸟崇拜是殷商时期特有的一种崇拜，殷商时期人们认为凤鸟是玄鸟的后代，所以对玄鸟也有崇拜，且作为图腾。殷商时期的很多图案里面都有玄鸟的符号。

最早提出殷人东渡假说的是19世纪著名的英国学者梅德赫斯特，他在翻译中国古典文献《尚书》时提出了此假说。他提出，武王伐纣时，殷商王室中可能有人渡海逃难，途中因风暴到达美洲。后来法国学者阿科斯拓塔在1950年也提出了“印第安人是通过白令海峡到达美洲大陆的亚洲人”这一假说。1952年，另一个法国学者德·歧尼进一步推论认为，中国古典文献中的扶桑就是指墨西哥。[1] 这样的学者还有很多。1967年，美国学者迈克尔·扥发表了一篇文章，提出墨西哥东海岸的拉文塔文明受到中国殷商文明的强烈影响。1968年，他在出版的《美洲的第一个文明》一书中提出，拉文塔出土的奥尔梅克文明出现的时间接近中国古代文献中记载的大风暴发生时间，奥尔梅克文明可能来自殷商。而中国的学者们，如罗振玉、王国维等，也都进行了考察，提出了殷人东渡美洲的可能性。[2]

但是笔者的观点是，这只能是一个假说，没有实证证明奥尔梅克文明就是中国的殷人创造的。也许未来随着考古的发现，这一研究会有新的进展，但是我们在这里不能下结论认为奥尔梅克文化就是殷人文化。

2.3.3 奥尔梅克文化特质

奥尔梅克文化的特质，主要体现在金字塔式台庙、巨大的广场、玉石雕像以及文字的雏形方面。

奥尔梅克文字是不成体系的，正是因为这样不成熟的体系，在后来整个美洲文明发展的过程中，也没有形成非常成熟的文字。玛雅人创造了文字，但是玛雅人的文字是很不成熟的象形文，没有抽象能力，不能够表达更精准的、抽象的、结论性的语言，只能进行实物模拟。到了阿兹特克和印加时期，连基本的象形文字都没有，所以，阿兹特克和印加帝国虽然统

[1] 范毓周．殷人东渡美洲新证［J］．寻根，2011（2）：22－30.

[2] 王涛，袁广阔．古代中国与美洲交往研究检视［J］．南方文物，2015（4）：228－231.

治着广阔疆域，但是一直用结绳记事这种最古老、最原始的方法来传达政令。

因而，奥尔梅克文明并不是一个高端、高级的文明。判断一个文明是不是高级的原则之一，就是这个文明的抽象能力。抽象能力越强的文明，生命力越强。因为人类的各类思维、发明和文明都需要抽象能力，而奥尔梅克文化不具备完全的抽象能力。无论是从他们的巨型石刻头像、玉雕、建筑还是从对羽蛇神、太阳神、玉米神等神灵的崇拜来看，他们仍属于萨满教的高级阶段，也就是说还没有摆脱“万物有灵”这样一个初级的认知，没有发展出一种有谱系的、抽象的神学体系。所以，从这个角度来说，无论是宗教信仰还是文化艺术方面，奥尔梅克文明都处于初级阶段。

初级文明，即可能有初级的文字符号，但没有形成完整的文字。这就说明奥尔梅克人的文化抽象能力是不够的。正是因为缺乏这种抽象能力，所以这个文明要想升级也是困难的。也就是说，奥尔梅克人可以不断地去进行石像的雕刻、玉器的雕刻，但都处于量变阶段，而没有形成质变。与主流文化，或者说与文明古国——两河流域，印度河、恒河流域，黄河、长江流域的文明——比较，奥尔梅克文明也是比较弱的，即使是与爱琴文明相比，也远远不如。

奥尔梅克文明出现的时间也不算早，但因地理禀赋原因并不能形成世界主流的文明。因为奥尔梅克位于美洲，位置太过偏僻。美洲不是人类文明的中心，文明的中心在亚洲，在中国、印度以及地中海一带。所以，最初亚洲是文明的中心，之后，欧洲是文明的中心，欧亚大陆一直占据着人类文明的制高点。而处于美洲的奥尔梅克文明没有能力将其文明辐射到欧亚大陆。地域因素导致奥尔梅克文明辐射能力差，难以传播到世界的其他民族和地区，这就导致奥尔梅克文明只能是一种地方文明。

当然，正是因为大山阻挡、海洋相隔，所以奥尔梅克文明失去了与亚欧大陆文明交流的机会。没有交流，奥尔梅克文明很难学习其他文化，融合成新生的力量。所以，一旦创造力不足，文明的发展便会停滞。这种停滞使整个文明只能进行量的叠加，而不能进行质的变化。

所以，奥尔梅克文明是一个初级的地方文明，而不是人类的主流文明。虽然它哺育了玛雅文明、阿兹特克文明和印加文明，但是，很遗憾，它所哺育的文明因为以上的因素，也没有形成强大的文明体系，对人类的影响也是微乎其微的。倒是它们的农业技术给人类的食物补给作出了很大贡献。所以，奥尔梅克文明对人类最大的贡献是农耕文明。不过，奥尔梅克的农耕文明也是大航海时代之后才被发现的。所以说，奥尔梅克文明因为地域受限，很难成为人类文明的主体。

2.4 被历史淘汰的玛雅文明

2.4.1 玛雅文明的贡献

在新石器时代，玛雅人就在天文、农业、数学、艺术方面有着令人叹为观止的造诣；可惜的是，玛雅人所创造的文明离当今的现实生活很遥远，除了玉米等农作物，几乎与现代没有关联了。

玛雅文明诞生于美洲，主要集中于中美洲墨西哥的尤卡坦半岛。那里气候非常温润，很适合发展农业，所以当年玛雅人就在温润之所开始农耕。出乎意料的是，玛雅人的耕作获得了丰富的成果，当前仍然广泛耕作的很多植物品种，如玉米、番茄、南瓜、豆子、甘薯、辣椒、可可，制作香烟的烟草，最早都是玛雅人在公元前1000年培育出来的。除了农业之外，玛雅人在天文、历法方面取得了令人叹为观止的成就。奇琴·伊察天文台是其天文学成就之一，天文台的上层为观测室，虽然已经遭到毁坏，但从残存的建筑我们仍然可以感到其天文观察的精确，在观察室右边，我们可以看到春分和秋分落日的半圆，南边窗口的对角线正好指示着地球的南极和北极。玛雅人创造的“玛雅法”是一种太阳历，他们把一年分为18个月，这18个月加起来是365.242天，与我们现在精确预测仅差0.0002天。除了地球年，玛雅人竟然还计算出金星年。金星距离地球那么远，玛雅人在一千多年前竟然计算出金星一年是584天，而这个测算结果和今天我们对金星测算的时间仅仅相差7秒钟，太不可思议了。玛雅人没有任何现代的观测工具，却能够如此精准地算出地球和金星一年的时间。

玛雅人除了农业、天文、历法的成就外，还创造了文字。当时在整个美洲只有玛雅人创造了文字。创造文字很不容易，很多地方的文明虽然很古老，但是没有原创的文字。比如希腊，古希腊文明那么辉煌灿烂，但是古希腊不是四大文明古国之一，因为古希腊没有自己的文字，而玛雅人有自己原创的文字。

更有意思的是，玛雅人的文字和我们普通的文字有很大的区别。我们的文字是二维的，就是分上下、左右。而玛雅人除了分上下、左右，还分远近，所以玛雅人的文字是形象的、立体的，像图画一样，称为象形文字。当然，这既是对玛雅文明的认可，也是批判。虽然玛雅人创造的文字图像很美，但是抽象能力较差。正是因为这一点，玛雅的历史很难完整地、清晰地呈现出来，我们看到的总是片断的、章节的、碎片式的，这跟玛雅人的文字表达能力差有关系。

2.4.2 玛雅文明辉煌的原因

在玛雅文明遗址可以清晰地考察玛雅文明取得的杰出天文学成就，他们竟然绘制了一个航天器图以及各种配套设施。有观点认为当时地球人并不具备这样的条件和能力。

其实放在一个宏观的历史时空去考量，就会知道玛雅文明不是外星人文明。因为当时玛雅人创造的文明并没有超越人类智商的极限，没有超越人类能力的极限，玛雅人只是在天文、历法方面取得了杰出的成就。

人生而平等，但人的天赋生而不平等。玛雅人在数学领域有天赋，他们创造了 20 进位法，特别是对“0”符号，最先应用到计算科学、农业、天文等方面，才形成如此高的造诣，这一天赋在文明史册上留下了非常辉煌和灿烂的一页。

当然，也有自然条件的因素，因为玛雅人生活在中美洲，在加勒比海附近，周围是非常适合农耕的环境。那里降雨充沛，土质肥沃，一年四季非常温润，没有类似中国北方极寒的天气，常年平均气温都在二十余度，夏天三十余度，所以是非常适合农业生产的。

笔者认为，玛雅人在天文方面的天赋跟地理环境也有关系。他们所处的地域非常辽阔。加勒比海岸线视线非常辽阔，周围都是大海，大海的旁边就是高山，所以非常适合观测天文现象，加上天赋所在，产生这样的文明自然是理所当然的。

2.4.3 玛雅贵族的祭祀

正是因为如此，玛雅人有时候自我神化了，总是认为自己天赋异禀。玛雅人自己也感到困惑——这种能力从哪里来，然后不断地求索，认为：一切都是太阳神的恩赐。

玛雅人信奉的神中最重要的是太阳神。其实，在很多民族的信仰中都有这样的一个神祇。在古埃及、古罗马、古波斯、日本等文化里都有太阳神，玛雅人认为太阳神对他们特别眷顾，特别恩宠。为了感谢太阳神，他们就对太阳神进行人身祭祀，也就是拿活人来祭太阳神。

太阳神在玛雅人的神谱里面，是一个让人感到非常不可思议的神。必须要祭祀他，人心才能够有能量。

玛雅人用奴隶、底层的人、战俘等祭祀太阳神，但这并不是主要的祭品，他们选择具有正统、高贵血统的贵族来祭祀太阳神。其次是最优秀的人，也就是玛雅人中的精英、战斗中的英雄。如果没有发生战争，他们就通过竞争选出英雄。玛雅人发明了“臀球”竞技比赛，最后得分最高的就是全民族的冠军，用来祭祀太阳神——把他的心挖出来，在祭坛上烧掉。太阳神看到袅袅升起的烟，就等于已经享用了这个民族的精英盛餐。正是因为这一点，这个民族的很多精英都被作为祭品祭给太阳神了。

除了太阳神之外，玛雅人还有一个重要的神——玉米神。玛雅人认为，他们既然培育出了世界上最重要的玉米，玉米应该也有神，正是因为玉米神赐福给玛雅人，玛雅人才能培育出品质优良的玉米。

玛雅人认为贵族是太阳神的宠儿，既然是宠儿，就意味着贵族一定是与平民不同的。怎样证明贵族与平民不同？那就要在审美上进行变革，用文身位置的区别把贵族与平民区分开。玛雅文明的神殿和博物馆，说明其对神的理解、对贵族的理解、对文化的理解、对艺术的理解，仍然处于原始阶段。

2.4.4 玛雅文明的落后与启示

玛雅人在人类文明史上留下了辉煌的一页，但与同时期的其他文明相比，玛雅文明还是比较初级。公元7世纪，中国的唐朝繁荣昌盛，物华天宝，万国来朝。当时长安是国际大都市，长安“签证”对于外国使节具有较高的吸引力。

在冶金技术方面，玛雅人就更不可与中国唐朝同日而语了。玛雅人始终停留在石器时代，他们没有金属，即没有冶炼钢铁、青铜的技术，所有的建筑都是通过石器来完成的。而当时大唐生产钢的技术已经非常成熟。大唐为什么声势显赫，军威能够名扬四海，很重要的原因是当时大唐的军队配置了削铁如泥的钢刀。所以，跟唐朝作战的小邦国迫于大唐的军威，便不战自降，而在当时的玛雅不具备这样的科技水平与工具。

在艺术的角度，玛雅文明与唐文明也不可同日而语。玛雅陶器为彩陶，没有瓷器。而中国的商代已经有瓷器，❶ 这是工艺史上的一个飞跃。陶器很容易制作，烧制时只要几百度的温度就可以烧出陶器。瓷器对温度的要求更高，要1000℃甚至更高的温度才能烧出瓷器。而且，瓷器制作还有着色、渲染等工序，玛雅人不具备这些分工能力和生产条件。与欧洲文明来比较，玛雅人其实也是落后的。比如，在当时的欧洲，铁制工具已经出现。

玛雅文明缺乏发展、创新的能力，很大程度上是因为神权政治和疯狂的人祭，生态恶化，生活资源枯竭，疾疫蔓延，经济崩溃，所以走向没落是必然的。文明发展到一定阶段，相对成熟以后，如果没有创新和外来文明基因的注入，或者文明之间的博弈与融合，这个文明必然走向衰败。

而文化融合促进中华文化取得过不少突破，经过战国时期的百家争鸣，到了汉武帝大一统时代开始走向成熟。到汉朝的时候，儒家文化已经高度发达，道家文化也得到了充分发展。其时佛教从西域传入中国，把印度人的思维方式、思想和哲学带进了中国。当然，在传入中国的时候，佛

---

❶ 奋鹰. 中国最早的瓷器［J］. 艺术市场，2004（9）：117.

教也带来了西域的一些文化特质。正是因为佛教文化的融入，才使儒家和道家进行了充分的融合，中华文化变成了一个儒释道合一的综合性文化。正是因为有这样的开放环境，中华文化才能够生生不息，绵延不绝。

玛雅文明带来的启示最重要的是两点：第一，它是人类文明中重要的组成部分；第二，它的封闭、保守使它走向衰落，最后使这个民族失去了生命力，失去了发展、创新的能力。

2.5 爱琴文化是欧洲文明的前身

2.5.1 爱琴文化三位一体生产模式

爱琴文化是爱琴海诸岛及其周围地区文化的总称，是整个欧洲文明的前身。公元前 20 世纪到前 12 世纪，爱琴地区进入中、晚期青铜时代，这一时期，在克里特岛和希腊半岛先后出现了早期国家和文明，我们统称为爱琴文明或克里特 - 迈锡尼文化。

爱琴海海岸线非常曲折，岛屿众多，陆上交通非常不便，多山，缺少耕地，所以发展农耕文明的空间很小。面对现有的自然环境和地理条件，当地能够孕育的只有海洋文明。因为爱琴海诸岛面积较小，资源有限，这就决定了当地人必须对外开拓，既有市场的开拓，也伴随着武力的扩张。

爱琴文化的特点可以概括为扩张。爱琴文化奠定了整个西方的文化战略、西方文化的思维模式。这种思维模式就是优胜劣汰、适者生存，这是人类社会的基本特征，在爱琴文化中表现得很突出。在爱琴文化中，竞争和冲突被视为生活的一个基本状态，甚至在这个逻辑下侵略、扩张、掠夺都是合法的，战争是必需的，是生产方式的一种表现形式，在他们的意识形态中，世界是强者的世界。

爱琴文明最先以克里特岛为中心，出现了早期的奴隶制国家，有青铜技术、高超的建筑、绘画技术、制陶技术、手工艺，他们修建了非常宏伟的石头宫殿，还发明了自己的线形文字 A。约公元前 1700 至前 1400 年，是克里特文明最繁盛的时期。公元前 1400 年，诺萨斯王宫被毁，代之而起的是希腊半岛迈锡尼人，他们在线形文字A基础上形成线形文字B。特洛伊战争后，另一批希腊的多利亚人，由北南侵，迈锡尼文明终于在长期攻略中被毁灭，历史由此进入“荷马时代”[1]。爱琴文化在战争和扩张中一次次被毁灭，又再次复活、发展，为后来古希腊文明奠定了非常坚实的基础。

2.5.2 爱琴文化的发展历史

爱琴文化的历史，可以追溯到公元前3000年到公元前1100年，大致有1900多年的历史。这段历史属于上古文明，经历了完整的新石器时代以及青铜时代。期间，在此先后兴起三种文化：塞科拉迪岛的塞科拉迪文化、克里特岛的米诺斯文明以及希腊的迈锡尼文化。除此之外，这里还有很多小的文化体系，这些小的文化体系与三大文明体系之间相互交织、相互影响、相互交流、共同发展，最终催生了伟大、灿烂的古希腊文明。

据当前的历史考证，大致在公元前2000年，在克里特岛产生了奴隶制城邦，300年以后克里特岛文明进入繁荣时期，当时形成了一座非常庞大的城市——克诺索斯城。在克诺索斯城建立了强大王国——米诺斯王国。这个王国的海军实力雄厚，曾经一度统治过爱琴海的很多岛屿。

约1900年，就有考古人员到神秘的克里特岛去考古，在挖掘中发现了大量的手工制品，有青铜、金银、宝石制品，还发现了精致的金项链、手镯、釉陶，其中有的陶瓶薄如蛋壳，说明当时的陶艺已经相当精湛。

考古人员还在克里特岛发现了一个庞大的克诺索斯王宫宫殿遗址，这座王宫占地两公顷，建筑约有三层楼高，王宫里设有浴室、仓库、庭院，还有大的会客厅，整个王宫装修非常精美，在浴室、客厅都发现了工艺细腻的石雕。当然，这座王宫设计前瞻，具有先进的供水和排水系统。

除了这些物质方面的创造，克里特人还创造了文字，就是线形文字A。很遗憾，他们的文字至今还没法解读，所以史学界对于其到底是文字还是

---

[1] 范瑞祥．什么是爱琴文明？爱琴文明与希腊文明有什么关系？［J］．历史教学，1983（6）：61.

象形图案，尚存在争议。

到了公元前 14 世纪，操希腊语的迈锡尼人入住克诺索斯王宫，之后兴起的是一个新的文明——迈锡尼文化。迈锡尼文化和克里特岛文化大体相近，也是奴隶制的城邦国家。通过考古发现，公元前 1500 年，迈锡尼就有了大量的金银制品，如金杯、银盆、青铜宝剑，上面还有惟妙惟肖的人物和动物图案。

迈锡尼文化也发明了文字，他们的文字被称为线形文字 B，1952 年，英国学者文特里斯（1922—1956）解读成功，证明这种文字是希腊语的一种古代形式。迈锡尼文化到了后期发展非常快，迈锡尼国力也很强大，甚至组成了一支强大的联军，到处炫耀武力。约公元前 1200 年前后，他们征服了一个叫特洛伊的城市，就是《荷马史诗》中《伊利亚特》记载的特洛伊之战。特洛伊战争的结局是迈锡尼获得胜利，但是胜利的成本也非常高昂，十年战争让强大的迈锡尼元气大伤，几乎耗尽了国力。

而这个时候，生活在北部内陆山区的多利安人发现了迈锡尼的衰落，包括军事的衰落、国家实力的衰落，趁机入侵迈锡尼。多利安人利用铁器战胜了迈锡尼军队的铜制武器。铁器的硬度和锐利远远超过铜器，所以铁器在当时属于先进武器，多利安人在特洛伊之战结束约 60 年后入侵成功。之后，多利安人又征服了爱琴海其他地区。连绵的战争造成了人口大量的迁徙和社会动荡，多利安人的入侵，终结了整个爱琴文明，希腊各地退回到相对落后的原始时代，即“荷马时代”。

2.5.3 爱琴文化对人类的贡献

爱琴文化存在了约 1900 年，对人类的贡献大致可以概括为三大方面。

第一，艺术，这是最突出的一点。在克里特岛上有壁画，有陶器主题的浮雕，还有独立的雕塑以及金属制品雕塑，这些作品体现出当时的技艺已经非常成熟。整个爱琴海地区都受到克里特文化的影响，后来的古希腊雕塑闻名世界正源于此。除了雕塑，克里特文化还制造了金银饰品，生产技术在当时非常先进。克里特人还发明了葡萄酒，甚至啤酒。当时喝葡萄酒成为一种文化，在克里特形成蔚为壮观的流行趋势。除此之外，还有斗牛、舞蹈、搏击等表演，最早的拳击技术也是出现在这里。所以，在艺术方面，应该说爱琴文化给人类留下了非常丰厚的遗产。

第二，建筑。克里特人建造的宫殿非常精美，有独立的寝室、巨大的大厅，他们还利用自然条件和地理条件，把光线和空气巧妙地引入宫廷。宫殿的卫生系统建有比较现代化的排水和供水系统。当然，整个建筑群也不乏精美的雕刻，楼梯、浴室都有非常精美的艺术雕刻。

第三，宗教。伴随着艺术成就的是宗教。那时候已经产生了原始的宗教，类似萨满教。当时的克里特人已经有对自然神、生殖神、自然女神的崇拜，还专门建立了神殿，为了获得丰收，克里特人经常祭拜女神，这就是他们的信仰。说明当时的爱琴海地区已经有了精神文明的需求，有了信仰需求，有了对未来生活期望的表达，有了对未来的安全需求。

2.5.4 爱琴文明对古希腊的影响

爱琴文明催生了后来的古希腊文明。

爱琴文明结束之后，希腊进入了荷马时代。荷马时代得名于《荷马史诗》，《荷马史诗》是这个时期整个历史的一种呈现，它反映的是公元前11世纪到公元前8世纪的希腊社会。

荷马时代之后的两三百年，也就是公元前8世纪到公元前6世纪，希腊出现了许多奴隶制城邦，其中最强大的是斯巴达和雅典，特别是雅典。整个璀璨辉煌的古希腊文明也就是在这个时候登上了历史舞台，而这一切都要拜爱琴文明所赐，因为爱琴文明提供了强大基因、发展动力、艺术熏陶，为后来辉煌的古希腊时代奠定了基础，苏格拉底、柏拉图和亚里士多德等名家先后登场，与中国战国时期的诸子百家一同缔造了人类文化的一个高峰，开启了人类的轴心时代。

3 博弈与融合

3.1 开放、时尚的凯尔特文化

3.1.1 凯尔特文化的历史

凯尔特人是人类历史上第一个倡导男女平等的族群，他们的女性不仅可以成为国王，甚至可以成为宗教领袖，这一点至今在整个欧洲还有影响。比如英国有女王，荷兰有女王，可见凯尔特文化对欧洲的影响。

凯尔特人是欧洲最古老的土著，他们在罗马时代就与日耳曼人、斯拉夫人一起被称为三大蛮族，其实这是罗马人的命名，凯尔特人并不野蛮，因为他们是欧洲最早掌握冶铁技术的一个民族。在那个时代，冶铁技术代表非常先进的生产力，很多民族连冶炼青铜的技术都没有，而凯尔特人已经可以冶铁了，所以凯尔特人并不是真正的蛮族。

今天的凯尔特人后裔分布在苏格兰、爱尔兰、威尔士、英格兰的一部分地区以及法国的一部分地区，所以他们的血统并没有真正中断，只不过他们现在在整个欧洲主流里已经被边缘化了。

凯尔特文化最早发祥于中欧的腹地，也就是今天阿尔卑斯山脉以北，多瑙河、莱茵河上游，包括德国南部的巴伐利亚一带。大约在公元前 8 世纪，他们开始向外扩散、迁徙，到了阿尔卑斯山与北海之间。而后凯尔特人继续一路向西。到了公元前 6 世纪，在莱茵河和马恩河之间定居下来，也就是今天的法国一带，所以他们也是法国最古老的民族之一。到了公元前5世纪，凯尔特人一路向西，从欧洲大陆进入大不列颠群岛，一部分凯尔特人在今天的爱尔兰和苏格兰定居下来，还有一部分人占领了今天英格兰的南部和东部。

差不多在进入不列颠群岛的同时，一部分凯尔特人越过莱茵河进入了法国的东北部，占据了高卢，先后又征服今天的西班牙、葡萄牙、意大利等地。在公元前387年和公元前279年，凯尔特人还先后侵入罗马和希腊，甚至最远到达了今天土耳其的安纳托利亚地区。所以，鼎盛时期的凯尔特人占据了从葡萄牙到黑海之间大片的土地，从国土面积来说可与罗马帝国媲美，但是，很遗憾的是，他们没有形成一个统一的国家，只能说是一个大的族群。

3.1.2 凯尔特人的悲惨命运

大致在公元前385年左右，凯尔特人洗劫了罗马城，这段经历对罗马人来说是一段悲痛的记忆，他们在史书上记载了这段历史。这段记忆成了罗马人的仇恨之源，终于在公元前59年到公元前49年间，著名的凯撒大帝一举击败了凯尔特人，一雪前耻，凯尔特所占据的高卢等地也成了罗马帝国的行省。被征服的教训是非常惨痛的，100万凯尔特人被杀掉，另外100万则沦为奴隶，所以整个族群受到了非常大的打击。

但是，到了公元43年，当时的罗马皇帝克劳狄乌斯入侵英格兰、不列颠群岛，用三年时间征服了不列颠岛的中部和南部，所以凯尔特人再一次与罗马人交战。这次交战的结果更为悲惨，整个凯尔特文化在欧洲大陆几乎丧失殆尽，一点点地融入了罗马文化。只有在未被罗马真正占领的英格兰和罗马到达不了的爱尔兰，凯尔特人的王国还存在。

到了公元449年，居住在西北欧的三个日耳曼部族——盎格鲁人、萨克逊人和朱特人，乘船横渡北海，借着罗马当时出现内乱的时候，侵入不列颠群岛。凯尔特人进行了顽强的抵抗，将战事拖延了半个世纪，英雄辈出，但是这些英雄没有改变他们族群的命运，他们最终战败，凯尔特人几乎到了灭种的地步。大部分的凯尔特人都被杀掉了，只有一些幸存者逃入山林或者沦为奴隶，这就是历史上非常著名的“日耳曼人的征服”。

自此以后，凯尔特人几乎淡出欧洲文化的主流，也消失在欧洲强大的部族名单上。到了8世纪以后，凯尔特人又开始了新的觉醒，后来还建立了今天的爱尔兰、威尔士这些国家和地区。

凯尔特人身材高大，作战勇敢，为什么整个族群的命运如此悲惨？很重要的原因是他们没有自己的国家组织架构，长期都是以部族的形式存在，没有自己的首都，所以在整个欧洲的扩张就是一场民族的大迁徙，没有国家就很难体现出战略意识，没有国家机器的优势，很难形成核心的战斗力，正是因为如此，凯尔特人虽然曾经辉煌过，但最后还是落寞地退出了历史舞台。

3.1.3 凯尔特人的文化遗产

凯尔特文化的遗产中有苏格兰的短裙和风笛，苏格兰的风笛是凯尔特文化的产物吗？不是，实际上风笛的真正产地是意大利北部，当年随着罗马的征服被传到不列颠岛，凯尔特人学会了吹奏风笛，传承了下来。真正的凯尔特乐器是爱尔兰竖琴，后来流传到整个苏格兰、威尔士地区，今天的竖琴还是爱尔兰国徽的标志，所以可以看得出来竖琴对爱尔兰、对凯尔特人的重要性。凯尔特人在体育方面倒是有一项发明，那就是今天非常时尚的一个运动——高尔夫，这算是凯尔特人对体育的一大贡献。

凯尔特人最早使用冶铁技术，凭着坚硬的铁制武器战胜了处于青铜时代的许多欧洲部落，占领了大片的领土，但是，很遗憾，他们没有国家的架构和组织，虽然人多，但是一直是散兵游勇，虽然人高马大、作战勇敢，但是没有战略指导，所以，只要几个头领阵亡了，整个战争就变成了一次单向的大屠杀，个体优势并不能转化为整体的优势，所以，战争的结果是必败无疑。

总体而言，凯尔特文化并不是很强大，也没有形成核心凝聚力，很难形成真正的生命力，所以我们对凯尔特文化只能从文化的概念来解读，而上升不到文明的高度。今天我们说凯尔特人，实际上是指一个族群，虽然他们的族群今天在爱尔兰、苏格兰、威尔士等地区繁衍生息，还创造了相当不错的文化，但是还没有达到其他文明的高度和成就。

3.2 生不逢时的腓尼基海洋文明

3.2.1 腓尼基的起源

如果要给腓尼基人贴一个标签，笔者想用八个字：天纵奇才，爱财如命。腓尼基人天生是商人，嗅觉非常敏感，商业天赋很高。

腓尼基人去非洲，不去购买当地昂贵的皮革制品、象牙，而是购买一些香料，卖给埃及的法老，因为埃及的法老非常痴迷于这种香料，愿意出高价购买，所以腓尼基人就以低廉的价格购买香料，再以昂贵的价格卖给埃及的法老，赚得盆满钵满，可以说，腓尼基各城邦富得流金淌银，国力强大，海军力量强大。

但是，腓尼基人所建立的迦太基又可谓生不逢时，最后惨遭灭国，这根源于腓尼基的生产力。

腓尼基在希腊语中是“紫红色”的意思，颜色成为一个民族的名称，这是因为当时的埃及、巴比伦、赫梯以及希腊的贵族都喜欢穿紫红色的衣服，但这种颜色很容易褪色。后来他们注意到地中海东岸的一些人会生产一种紫红色的染料，这种染料染色效果非常牢固，永远都不褪色，即便衣服穿破了，颜色也跟新衣服一样。

而这种染料竟然来自一种贝壳，这种贝壳只产于当地，其他地方没有，所以这些巴比伦人、埃及人、赫梯人和希腊人非常愿意买这种染料，因为这种染料出名，他们就把当地卖这种染料的人称为“紫红色的人”，用希腊语说就是“腓尼基”，所以腓尼基人就成为他们所属地区和民族的称谓。

腓尼基本来处于地中海东岸的北部，也就是今天的叙利亚和黎巴嫩一带。公元前30世纪末，这里先后出现了一些奴隶制城邦，如推罗、西顿、乌加里特，但从未形成统一的国家。这些城邦繁华富庶，后来因为内部的政治斗争，一部分腓尼基人，主要是推罗的腓尼基人，被迫移民到北非的北海岸，也就是今天的突尼斯境内，建立了一个强大的海上贸易强国迦太基。这里所讲的腓尼基人和腓尼基人的国家主要是指北非的迦太基。

3.2.2 腓尼基人的贡献

迦太基人，或者说腓尼基人，最大的不同之处，或者说给人类文明留下的最大财富，在于他们开辟了新航道。因为，当时很多人都认为大西洋就是世界的尽头，从没有人越过直布罗陀海峡。而腓尼基人因为要经商，要把商品卖到能够到达的任何一个地方，所以他们驾船穿过了直布罗陀海峡，最远的时候到达了英吉利海峡，向南一直到达了西非，可见当时腓尼基人的航海技术之高超，这发生在公元前600年。

正是凭借这种敢为天下先的精神，加上他们自身的精明，所以腓尼基当时最大的城邦推罗在史书中记载下了当时的富足。富足到什么程度？据说，大街上堆银如土，堆金如沙。[1]

经济富足就需要记账，需要大量的账簿，需要签署很多文件，而当时流行的文字是埃及的象形文字和两河流域的楔形文字，这两种文字时间成本高，增加了交易成本。当时的腓尼基人是商人，视时间如金钱，无法忍受烦琐的书，于是他们对文字进行改造，把象形文字和楔形文字进行整合，从巴比伦文字里面简化了一些楔形符号，主要是从埃及文字那里借来一些笔画，最后形成了22个字母，即现在所称的腓尼基字母，这22个字母简单、使用便捷，所以腓尼基人用这种字母很快就能把账目理得清清楚楚、明明白白。腓尼基字母被认为是世界上最早的字母文字。[2]

古希腊人一看腓尼基文字这么好用，就在这个基础上又创造出了希腊字母，古罗马人在希腊字母的基础上又发展出了拉丁字母。今天欧洲几乎所有国家的文字差不多都是从希腊字母和拉丁字母演变过来的，如果寻源，可以说腓尼基文字是整个欧洲文字的真正始祖，这就是腓尼基人对人类的重大贡献：一方面是航海，另一方面是文字。

---

[1] 刘少才．世界最早的航海探险民族：腓尼基人［J］．中国海事，2012（12）：73－74.

[2] 王锐．古代腓尼基和迦太基商业帝国兴衰的历史概说［J］．天津商业大学学报，2011（5）：4.

3.2.3 迦太基与古罗马之战

腓尼基人建立起强大国家——迦太基。当时，迦太基是海上强国，地中海西部的霸主。但是要当霸主就得付出成本，除非一家独霸，他家无力抗衡，而迦太基恰恰遭遇农耕文明的大国古罗马，古罗马也要称霸地中海西部，所以自然而然地与迦太基发生了战争。这场战争就是地中海西部的争霸之战，总共打了一百多年，历经三次，史称布匿战争。很遗憾，这三次战争中，迦太基全都战败了。

第一次布匿战争（前264—前241）中，迦太基虽然拥有当时世界上最强大的海军，并多次打败古罗马人，但是古罗马有广阔的土地，幅员辽阔，一次战败后又能迅速组织一支新的军队，双方最终在西西里开展激战，古罗马占据上风，迦太基被迫求和。失败就要付出代价，战后迦太基把西西里岛及其与意大利之间的岛屿让与罗马，罗马建立了自己的第一个行省，不久，罗马又趁迦太基雇佣兵和奴隶暴动，强行占领了科西嘉岛和撒丁岛，设为行省。原来意大利周围那些本来属于迦太基的岛屿（除城市叙拉古外）就都归古罗马了。

公元前218年，迦太基人心有不甘，在西班牙营建反击古罗马的基地，古罗马人也不遵守契约，侵扰迦太基，所以双方发生了第二次布匿战争（前218—前201）。第二次布匿战争期间出现了一个军事天才，他就是一代名将汉尼拔。汉尼拔25岁任迦太基的统帅，他先发制人，率领大军从西班牙的新迦太基出发，出人意料地翻越阿尔卑斯山，直达意大利。公元前216年，汉尼拔指挥两万多迦太基人全歼古罗马军团7万多人，创造了奇迹，但最终还是因为迦太基孤军深入，得不到支援，再加上古罗马人进攻迦太基本土，汉尼拔被迫领兵回援，使得这次对外征战功亏一篑，第二次布匿战争依然以迦太基失败而告终，迦太基丧失全部海外领土，交出所有舰只（只留10艘）和战象，不经古罗马允许，不得对外作战，从此迦太基失去了独立地位。

第三次布匿战争（前149—前146）几乎是毁灭性的，古罗马军队出击迦太基，把整个迦太基灭了，地中海变成了古罗马的内湖。

通过三次布匿战争，古罗马人彻底打开了通向世界的海域。

3.2.4 生不逢时的海洋文明

迦太基那么强大，为什么被古罗马打得如此惨，最后灭国呢？因为在农耕文明时期，生产力的主体市场是陆地，而不是海洋，但是到了工业文明时期就颠倒过来了，世界的中心变成海洋，因为流通带来了财富，工业革命的强大表现在市场的拓展上，实际这种拓展也是伴随着殖民和掠夺进行的。

当时迦太基虽然是海上的强国，但是因为擅长贸易，生产能力不足，所以，在战争中，虽然取得胜利，但是损耗是不可弥补的。而罗马有强大的内陆做支撑，物资可以源源不断地送到战场，但是迦太基不具备这样的生产制造能力。

所以，迦太基与罗马的战争是农耕文明时期陆地与海洋的战争，但是我们不能否认迦太基的存在价值，迦太基的航海贸易恰恰印证了亚当·斯密的一个观点，那就是市场是由看不见的手推动的，而迦太基人恰恰掌握了市场贸易的法则——价值规律和微笑曲线。很遗憾，在农耕文明时期，迦太基的海洋文明没有太多的优势，因为海上强国是以贸易为主的，受人口和土地的限制，营销能力虽佳，但研发能力先天不足，不能产生核心生产力。

到了工业文明时期，文明的中心从陆地转到海洋，因为生产能力的决定要素由原来的劳动力数量变成了机器大生产，一个人顶上几百个人的生产力，生产效率几十倍、上百倍地增加，而海洋运输成本又是很低的，自然利润很高，所以工业文明兴起的国家几乎都是海洋国家，从西班牙、葡萄牙到荷兰、英国，几乎清一色都是海洋国家。

罗马与迦太基之战的结局是不言而喻的，迦太基可谓生不逢时，它的理念过于超前，即便有天才出现，也无力回天。千古名将汉尼拔一生就打过一次败仗，而这一次就是致命的，最后导致整个迦太基灭国。这看起来是宿命，实则冥冥之中必有定数，这个定数是什么？就是文明要素的变迁。

3.3 古希腊文明是西方文明的源头

3.3.1 古希腊的城邦文化与民主制度

古希腊文明是西方文明的源头，从公元前 800 年到公元前 146 年，共 650 年左右的时间，却影响了整个世界。从古代、中世纪乃至今天，古希腊文明对世界的影响绵延不绝。如果说到古希腊文明的特征，那就必须提城邦文明和民主制度。

希腊城邦是不同于农耕文明的海洋文明，古希腊各个城邦因为位于海岛，比较分散，所以这些城邦在遇到外敌的时候会结成同盟，共同抵御外族的入侵。但一旦到了和平时期，各城邦之间又会因为各自的利益争斗不息，势力此消彼长。

正是因为这样一个复杂的地域环境，古希腊的海洋文明与大河文明呈现出了不同的特质，那就是千差万别的治理制度。如果要总结古希腊文明的特点，那就是万花筒式的治理制度，有民主制、寡头制、僭主制、联盟制、共和制，等等，不一而足。当然，最有特点的还是民主制度。

由于地域的原因，希腊人广泛发展海上贸易和殖民地，殖民地的建立有利于开展海上贸易，而海上贸易的发展又促使殖民地更加广泛的建立。[1]一些殖民地本身不是征服者城邦的附属，而是依据古希腊的这种治理模式建立的新城邦。所以，这使得古希腊文明在繁盛期得以迅速地传播和扩展。随着亚历山大大帝开疆辟土，古希腊文明被传播到了世界各地。

3.3.2 古希腊繁荣期的文化

如果对古希腊历史进行阶段性总结，那么古希腊时期大致可以分为两个阶段：第一个阶段是前希腊时期或者希腊的黎明时期，即爱琴文化时期，主要经历了克里特文化和迈锡尼文化两个阶段，之后从公元前 12 世纪

[1] 邢玉波．古风时代希腊海外殖民与海上贸易研究［J］．重庆工商大学学报（社会科学版），2009（8）：86－89.

到公元前8世纪，古希腊处于氏族公社时期，但氏族制度趋于解体；第二个阶段是从公元前8世纪到公元前4世纪，自公元前8世纪到公元前6世纪，奴隶制城邦在古希腊大批地建立，公元前6世纪到公元前4世纪是古希腊最繁荣的时期，城邦文化、城邦体制、城邦模式迅速发展。这个时期，古希腊有数以百计的城邦，而雅典是全希腊的中心。

在古希腊文化的繁荣期，产生了戏剧、文艺理论和散文。特别是戏剧，古希腊的戏剧作品多而精，出现了三大悲剧作家：埃斯库罗斯、欧里庇得斯和索福克勒斯。其中最有名的是埃斯库罗斯。他的一部剧作我们都非常熟悉，就是《被缚的普罗米修斯》。剧中，因为众神内讧，很多神反对推选宙斯为王，这个时候，普罗米修斯帮助宙斯取得了王位。但是得到王位后宙斯没有对普罗米修斯感恩戴德，反而对他非常刻薄。有一次普罗米修斯下凡到人间，看到人间非常疾苦，就盗取天上的火种，将火种和火的知识传给了人类。宙斯认为这违反了自己的意愿，就把普罗米修斯钉在了高加索悬崖上。普罗米修斯在山上忍受着风霜欺凌、骄阳炙烤、恶鹰啄食肝脏。这个神话与《圣经》“耶稣基督为了替世人赎罪，被钉在十字架上”有一定的相似之处，普罗米修斯是为了给人类带来光明，被钉在高加索悬崖上，而耶稣基督是为替世人赎罪，被钉在了十字架上，他们都有殉道的精神。这种精神也为西方文化奠定了一个很重要的基调，后来出现的文化基本延续了这样一种精神，无论是文学、哲学还是神学，都是基于这一精神的一脉相承。

当时，除了这三大悲剧作家，还有很多喜剧作家，比如三大喜剧大师——阿里斯托芬、欧波利斯和克拉提诺斯，其中最有名的是阿里斯托芬。

此外，古希腊在美术、艺术雕刻等领域也取得了巨大的成就。雕刻技术早在爱琴文明时期就已经出现。公元前7世纪希腊的神庙就体现了非常成熟的多利安式、艾欧尼亚式以及后来的克里斯式雕刻设计。这种设计一直沿用到今天。特别是后来罗马人重新学习了这种雕刻技法，加上一些自己的文化体验，使雕刻技术得到了较大的发展，通过对亚、欧、非大陆的征服，罗马人把这种雕刻技术带到了世界各地。其中人物的雕刻细腻地表达了人物的表情和内心世界，这是从人体解剖学、人体结构的角度来诠释美学，如《掷铁饼者》《掷长矛者》等雕刻作品，都表现出了精湛的技术和艺术。

这种技术和艺术对世界的影响，特别是对佛教的影响，是深远的。公元前2世纪，巴克特里亚王国统一了印度北部的一部分，成立印度—希腊王国，这个王国出现了佛教当时不赞成的偶像崇拜，而且将偶像雕刻成一种很特别的表现形式，就是印度的犍陀罗佛教艺术。因为希腊的侵入，这种雕刻艺术被传播到印度。

古希腊文化的重要方面是哲学。古希腊哲学可以说是人类历史上彪炳千秋的哲学的黄金时代，出现了大量著名的哲学家。最著名的有彼得克里斯、赫拉克利特、德谟克利特、苏格拉底、柏拉图以及亚里士多德等。自公元前5世纪开始，在东西方不约而同地出现了声势浩大的思想革命和文化的大繁荣。这一时期的东西方文明的觉醒称为轴心时代。

应当说古希腊的文学、哲学甚至科学、艺术，直到今天对西方世界乃至整个世界的影响都是深远的，尤其是古希腊的神话。古希腊的神话与神话大国，如中国、罗马、印度的神话最大的不同在于古希腊神话是非常完整的，是成体系的。而且古希腊的神是有人性缺陷的。而中国的神都是至善的，印度的神法力无边、神格健全。古希腊的神存在非常明显的性格缺点。

这就是农耕文明和海洋文明的不同。农耕文明需要统一思想，需要对一个完美的神敬畏，形成强制力；而海洋文明不一样，居民们散居在各个岛上，各岛风俗习惯不同，文化差异很大，各种新鲜的事物和文化不断交融，就形成了海洋文明特别有名的一个特质——开放、多元。这种开放和多元，使古希腊人对神少了一分敬畏，多了一分质疑。这就解释了一点：人必须有判别的能力。对问题的判别也就意味着对真理的探索，也就是培养理性思辨能力。理性思辨为建立公平、公正的社会奠定了坚实基础。这也是以雅典为代表的商业城邦能够成为西方民主政治摇篮的重要原因之一。

3.3.3 古希腊衰落的原因

既然古希腊文明辉煌灿烂，为什么会走向衰落呢？是什么导致了古希腊文明的衰落？原因可以归纳为四个方面：

第一个也是最主要的因素是地理因素。希腊半岛和爱琴海诸岛都是犬牙交错的小岛，没有纵深的地方，这四五百个小岛组成的联盟，很难形成强大的合力。

第二个因素是民主。民主是古希腊文明的特征，但是那个时代，古希腊是城邦社会，在这种民主城邦制度下，政治力量是分散的，再加上各城邦之间文化不同、政治体制不同、生产方式不同、经济结构不同，彼此之间完全融合并形成一个有核心竞争力团体的可能性不大。

第三个因素是内部矛盾。比如，古希腊城邦都是奴隶社会，奴隶的反抗削弱了各城邦的力量。

第四个因素，古希腊文明衰落的根本原因还是外族的入侵，虽然古希腊人打败了波斯人，但是，这对他们自身的消耗也是很大的。后来，古希腊又遭遇马其顿的侵略，待马其顿被罗马征服后，公元前 146 年，古希腊被并入罗马版图。

整体看来，整个古希腊的历史也不过就是 650 年。

3.3.4 古希腊文明与中华文明的比较

为什么古希腊文明史只有短短的 650 年，而中华文明有五千年的历史，却不及古希腊文明在世界范围内有那么大的影响力呢？可以说在于以下两个原因：

第一是地理因素。中国在地理位置上比较偏僻，处于半封闭状态。而古希腊就不同了，它处在一个十字路口，所以它的文明能够迅速地向世界各地传播。但这也是对古希腊造成不利的一面，因为交通太便利了，谁强大了都会侵略这里，在征服的过程中就会对古希腊文化进行吸收和传播。

第二是古希腊文明和中华文明的特征不同。古希腊文明是海洋文明，是一种开放、积极主动对外交流的文化，甚至是征服文化，随着欧洲大航海、全球殖民以及工业革命的开展，古希腊文化被传播到了世界各地。而中华文明的特点是自给自足，不似海洋文明那样开放和活跃，这就造成了中华文化虽然绵延不绝，但是影响力没有希腊文化大。

时过境迁，到了今天，随着中国的崛起，特别是中国经济的快速发展，伴随着“一带一路”，中华文化开始向全球渗透、传播和推广。今天的中国不只是亚洲的中国，还是世界的中国。未来中国的文化也一定会成为世界的主流文化，这也就是我们所说的“中华民族的伟大复兴”。“伟大复兴”，复兴的就是中华文化，是和谐万邦的亲善文化，这种文化传递到世界各地，带去的是和平、繁荣、友善，也将取代西方的征服文化、霸权文化。

世界真正地走向繁荣富庶，靠的还是自身文化的和谐，文化的融合比战争的融合成本低很多。

3.4 亚述帝国扩张型战略失败的启示

3.4.1 亚述帝国的发展阶段

亚述兴起于两河流域北部。最早在这里居住的是印欧语系的胡里特人，后来东闪米特人迁移到此处，两个民族逐步融合，形成了后来的亚述人。

今天的叙利亚人都是亚述人的后裔，还有一部分亚述人后裔在伊拉克。今天的亚述人虽然活跃在中东地区，但是他们信奉的是基督教中的东方亚述教会，还有迦勒底礼天主教、叙利亚的正教，这些都属于基督教体系。

公元前3000年末，亚述人以亚述城为中心建立国家，曾于公元前16世纪至前15世纪处于米坦尼国统治之下，后恢复独立，整体存在了约1500年。大约在公元前800年，亚述建立了一个地跨西亚和北非，将两河流域南部和埃及两大文明中心置于自己统治之下的大帝国。亚述人开始使用铁器，比中国早了好几百年。亚述的历史可以大致分为三个阶段：被其他国家统治的古亚述、自我崛起的中亚述以及最鼎盛时期的亚述帝国。

古亚述被巴比伦统治。汉谟拉比是一代英才，但是，在他之后，古巴比伦就衰落了。所以亚述帝国趁此机会脱离了古巴比伦的统治，到了公元前2000年至公元前1500年，也就是中国古代夏商之交的时候，亚述也建立了君主专制，结束了被压迫的状态。

到了中亚述时期，公元前1392年至公元前1056年，亚述开始崛起，逐步独立，人口达到100多万，成为当时世界人口排名靠前的国家。

到了亚述帝国时期，也就是约公元前934年到公元前612年，亚述已经成为非常强大的帝国，成为一个地跨亚洲、非洲，人口近700万的庞大帝国，估计总人口升至当时的世界第一位。❶

3.4.2 亚述帝国的崛起与覆灭

亚述帝国是怎样从一个被压迫、被欺凌的民族逐步发展成大帝国，而且成为当时世界人口第一大国的呢？因为战争。为什么亚述能够在战争中崛起？因为它有两大法宝：一个是战争工具的研发，另一个是战争策略的选择。

亚述人在公元前700年前开始使用集团军作战，也就是兵种协同作战。他们有战车兵、骑兵、步兵，还有工兵、辎重兵，这些兵种在当时来说一组合就特别有战斗力。他们的辎重兵发明了投石机，一块几百斤甚至上千斤重的石头，射击出去打到城墙上，就能把城墙打一个豁口，几十个或者上百个大石头打过去，城墙就被打裂了、打破了，所以投石机是攻城的一个很重要的工具。他们还发明了攻城锤，攻城锤是两层的，像云梯一样，其中第二层藏有人，人摇着攻城锤，把城墙锤破。正是因为使用这些战争工具，亚述人攻无不克、战无不胜，击败了很多国家。

关于存在争议的战争策略的选择。亚述帝国君主崇信武力征服，慢慢演变成残忍的暴力政策，那就是战争中的“三光政策”。亚述人以残暴著名，军队所到之处杀光、烧光、抢光，由于亚述人在战争中异常残暴，所

---

❶ 徐焰. 暴力的艺术：亚述帝国的兴亡［J］. 军事文摘，2017（9）：44.

以犹太人把亚述的首都尼尼微称为“血腥的狮穴”。

在辛那赫里布时代，亚述攻下了75座城市，这75座城市全部被烧毁，男的被杀光，女人和孩子被掠走，变成奴隶。在萨尔贡时代，亚述征服了巴勒斯坦的撒马利亚，掠走两万多人。在镇压两河流域南部的时候，亚述人一次把20万人掠走当奴隶。

可以说，整个亚述帝国对征服地区只进行掠夺，不开发建设，被征服的人好不容易活下来的，还要缴纳很高的税，不仅交税，而且要服劳役，结果这些人往往生不如死，所以被侵略地区的整个生产经营遭到极大的破坏。

亚述帝国征服了很多地区，埃兰人、阿拉伯人、亚拉姆人、犹太人、埃及人、阿拉米亚人、米底人被征服以后就开始反抗，起义接连不断，“民不畏死，奈何以死惧之”，本来就没有生路，早晚都是一死，与其被压榨而死，不如拼死一搏，所以整个帝国自始至终危机四伏，处于混乱的状态。

公元前612年，在米底和迦勒底王国（即新巴比伦）的联合打击下，亚述都城尼尼微陷落。公元前605年，最后一个重要的战略城市卡尔基米什被攻破，亚述帝国彻底灭亡。

3.4.3 扩张性战略的利弊

亚述帝国的灭亡可以说早已注定，但是，如果用管理工具再去分析的话，它的命运走向就会更加清晰。亚述人是选择了什么样的战略导致错失机遇，而无法进行自我拯救呢？扩张性的战略！

扩张性的战略在于不断地开拓疆域，提高市场占有率，扩大企业资本，获取利润，任何一个企业的发展都会选择扩张性战略。但是扩张性战略是阶段性的，不可能是永久性的，因其有三个弊端：

第一，扩张性的战略获得初步的效果之后，使用者很容易为了发展而发展，这样就破坏了资源配置和动态平衡。亚述帝国就是为了征服而征服，为了掠夺而掠夺，所以把整个地区的平衡打破了。

第二，这种过快的发展必然削弱整个国家的实力，表面上看起来强大，实则内部已经出现了危机。亚述人当时征服了埃兰、亚拉姆、犹太、埃及这些地区，之后他们没有进行很好的安抚，造成这些地方起义不断，各地的起义削弱了亚述的力量，使其一直处于平息战乱的状态，没有时间发展国力。

第三，往往重视投资结构、收益率、市场占有率，重宏观而轻微观，最终难以达到可持续发展。亚述人不断扩张，快速兼并其他国家，提升市场占有率。但是，亚述在强调占有率的同时又过分强调收益率。什么叫收益率？我既然征服了，就把你的所有财富掠夺过来，一次战争就赚好多钱。那么问题就来了，对征服的地区都是一次性开发，竭泽而渔，没有后续的经济来源。

所以，亚述选择扩张性的战略是没有错的，错误的是没有根据环境变化进行自我调整，以暴制暴，必死于暴。亚述人自始至终通过恐怖来达到统治目的，法律里明确规定可以坑杀和剥皮，更糟糕的是还让亚述的孩童看这种血腥的场面，寄希望于使他们内心更强大、战斗力更强，培养他们好战的心性，结果这些孩子的人格都是扭曲的，也就是说，整个亚述的治理不是建立在人性的基础之上，而是建立在兽性的基础之上的。

3.4.4 对亚述帝国的评价

判断一个国家是不是先进的标准之一，是看它是不是能促进生产力的发展，亚述人征服某个地区以后几乎烧光、抢光，使当地的生产遭到了极大的破坏，这不是推动生产力的发展，而是阻碍生产力的发展。

所以，在评定这样一个国家政权的时候，结论是完全否定的。有些国家也比较野蛮、残忍，比如说秦国在商鞅变法之后，崇尚武力，“尚首功”，长平之战中一次坑杀赵国40 万降卒，但是在评价秦国的时候，往往正面的评价多一些，因为秦国在秦始皇领导下，最终统一六国，建立中央集权制，这是制度的极大进步。统一度量衡、统一货币，书同文，车同轨，使整个国家形成统一的巨大市场，促进了民族的融合、国家的发展，所以秦始皇的制度创新是功大于过的。而亚述人只有过，几乎没有功。

考察一个国家和一个民族的历史时，要考虑这个国家和民族给人类的文化遗产，亚述给世界留下的是残暴，是生产力的破坏，是文明的退化，所以亚述这个国家灭亡是必然的。

3.5 波斯文明

3.5.1 波斯帝国的历史

波斯兴起于伊朗高原的西南部，在波斯帝国建立之前，它所在的区域还都是一些分散的、比较弱小的部落，或者邦国，其中一个邦国里出了一个非常优秀的统治者，就是著名的居鲁士二世。居鲁士二世迅速地壮大了自己的小邦，开始了统一古波斯部落的军事行动。

公元前 558 年，他又将若干个互不相属又各自为政的小部落和群体整合成了一个国家，这就是古波斯帝国的雏形。波斯地区的政权力量获得了空前的凝聚。公元前 553 年到公元前 550 年，居鲁士彻底征服了当时统治波斯地区的米底王国，把米底王国兼并为帝国的一部分。一个强盛、君主制的波斯帝国就这样形成了。这个帝国在历史上被称为阿契美尼德王朝。

公元前 539 年，居鲁士大帝向四周开疆拓土，征服了著名的美索不达米亚平原，占领了巴比伦。经过十几年的开疆拓土，波斯帝国的疆域从当时的地中海绵延到了整个印度河流域、帕米尔高原，向东一直与如今中国的新疆地区接壤。所以，当时这个帝国的国土面积非常辽阔，可以说，波斯是当时世界上最大的国家。随后，波斯在征服希腊的过程中（希波战争）遭遇了失败，波斯帝国对外征服的脚步停止。

在波斯帝国的强盛时期，特别是在大流士一世统治的帝国时期，整个国家已经形成 20 个行省，这 20 个行省使用统一的货币，实行统一的管理，实现了初步的中央集权。波斯帝国在国家和政权建设上取得了三个巨大成就：第一，地域横跨欧、亚、非三洲；第二，建立了最早的中央集权制政权；第三，形成了当时很有影响的宗教琐罗亚斯德教（琐罗亚斯德教在大流士一世时期开始作为国教），亦被称作拜火教或祆教，以凝聚民心，整合社会力量。

到了公元前334年，马其顿王国开始攻打波斯。公元前330年，波斯帝国被马其顿的亚历山大大帝所灭。波斯帝国被古希腊人控制，后来又被古罗马人、帕提亚人控制。公元前3世纪，帕提亚人在波斯地区建立了一个独立的王国，就是安息王国。虽然安息王国国民中大部分人都是波斯人，但是很遗憾，统治者没有恢复波斯文化，而是崇尚希腊文化，全面进行希腊化，导致了波斯文化的断代。

公元226年，波斯人推翻了安息王国，建立起萨桑王朝。他们开始全面地恢复波斯文化，包括波斯的语言、文化、艺术，最主要的是使宗教得到了全面的复兴。公元7世纪，萨桑王朝在阿拉伯人、突厥人和拜占庭人的夹击之下，迅速败亡了，波斯文化被阿拉伯文化所取代。波斯人所定的国教琐罗亚斯德教也被伊斯兰教所取代。至此，整个波斯文化几乎告一段落。

3.5.2 波斯的宗教演变

在历史上，有一句话叫“萨桑亡后无波斯”，这句话主要是针对琐罗亚斯德教而言的。

琐罗亚斯德教在萨桑王朝时期面对着当时阿拉伯人所兴起的伊斯兰教，没有形成合力，无力去对抗。萨桑王朝灭亡以后，伊斯兰教取代了琐罗亚斯德教，成为波斯地区的核心宗教。

但琐罗亚斯德教没有能力对抗伊斯兰教，可以运用管理学中波特的五力模型理论来解释原因。

波特的五力模型用于分析组织或者产品的竞争力，分析与该组织或者产品形成竞争的力量。迈克·波特把所有的竞争因素进行归纳、总结，提出了五力模型理论，这五种力量分别为现有竞争者的竞争能力、潜在竞争者进入的能力、替代品的替代能力、供应商的讨价还价能力、购买者的讨价还价能力。

逐一分析发现，琐罗亚斯德教以及波斯帝国存在的缺陷就显而易见了。首先是现有竞争者的竞争能力。应当说，琐罗亚斯德教是有优势的，因为当时波斯除了国教琐罗亚斯德教，还存在摩尼教，但是摩尼教的受众群体相对来说比较少。

其次是潜在竞争者进入的能力。对波斯帝国形成潜在竞争的有三个国家，或者说是三个地区、三个民族。其一是拜占庭帝国即东罗马帝国，当时拜占庭帝国信仰的基督教是非常强大的，也是国教。第二个是信奉伊斯兰教的阿拉伯人，这时阿拉伯人已经崛起了，伊斯兰教作为一种信仰，已经在整个阿拉伯半岛形成强大的宗教力量。第三个就是突厥人。突厥人的信仰比较复杂，但是突厥人的马背弯刀相当厉害，而且突厥人特别善于征战。所以，萨桑王朝的潜在竞争者中，无论是拜占庭帝国、阿拉伯帝国还是突厥人，对当时的萨桑王朝来说都是致命的。从这个竞争角度来考量，萨桑王朝是处于劣势的。

再次是替代品的替代能力。无论是基督教还是伊斯兰教，都比琐罗亚斯德教有更强的优势。因为伊斯兰教信奉唯一的真主，真主是至善至能、无所不能的神，而且是唯一的真神。而琐罗亚斯德教的神比较简单，教义认为其在面对邪恶力量的时候，还需要经过一万两千年的战斗，才能战胜对手。

又次是供应商的讨价还价能力。供应商是谁？是伊斯兰教。伊斯兰教讨价还价的能力太强了，如果被拒绝，伊斯兰教的第一个选择就是武力征服，第二个策略是征税，征成倍的税。所以，无论是从经济的角度、文化的角度，或者是迫于武力压迫的角度考虑，供应商的能力都太强了，当时的萨桑王朝别无选择，只能放弃原来信仰的宗教，改信伊斯兰教。

最后是考量购买者的讨价还价能力。谁是购买者？就是波斯人。在阿拉伯人强大的攻势下，波斯人已别无选择。

所以，简单分析就发现，在五大竞争力里面，琐罗亚斯德教只有在现有的竞争者——波斯国内的宗教——里有优势，比摩尼教影响力大，在其他四个方面都处于劣势。琐罗亚斯德教被取代、波斯帝国衰亡是必然的。

3.5.3 波斯帝国的中央集权制度

古波斯帝国的中央集权制度和中国古代的中央集权制有哪些相同和不同之处呢？古代波斯帝国最早形成了20个行省，派遣官吏进行治理，修建驿站、官道，强化各地区的交通联系，等等。这些举措确实有效地管理了一些地区，而且波斯帝国还统一了货币，统一了度量衡，还有税赋，这在公元前5世纪前后是领先于世界的，它是最早尝试中央集权制的国家。

既然波斯帝国的政策这么先进，又是世界上最早实行中央集权的国家，为什么先后被古希腊、古罗马征服，后来又被突厥人、阿拉伯人、蒙古人征服和占领呢？原因就在于波斯帝国的中央集权制不健全。

第一，波斯帝国的中央集权制缺乏一套明确的指挥系统，军政不分。而中国古代中央集权制的最大一个特点是军政分开。秦始皇建立了中央集权制，军政统一，但是有专门管部队的将领，有专门开展行政管理的宰相，这就是古代中国和波斯帝国本质的区别。

第二，波斯帝国的中央集权制没有形成一个完好的运行机制，哪一任的君王能力强，就可能高效地进行管理，也就是说，没有激发机制，更多的是靠人治。而中国古代不一样，建立了三公九卿制、三省六部制，是靠一个强大的组织系统在推动整个机制的运行，所以就出现了很有意思的一个情况，哪怕皇帝很无能，但是只要机制在，他就能够进行有效的管理。比如说，明朝的万历皇帝多年都不上朝，而国家管理因为有明确的分工，各个部门各司其职、各尽其责，所以整个国家就能进行有效的管理。从这个角度来说，波斯帝国没有形成成熟、系统的运行机制，也是制度上的一个败笔。

第三，整体波斯人的文明程度与其他国家，特别是周边的地中海国家相比比较落后。波斯帝国的官员并不都是精英，而且其中大部分是军人出身，都是一些赳赳武夫。武夫善于管理军队，但管理社会和管理军队是完全不同的方法。所以中国古代很早就分出了文官和武官，是因为每个组织有每个组织的特点，管理的方法应当有所不同。

总而言之，波斯的中央集权制是一个实验性的、不成熟的、探索性质的中央集权制。这样的中央集权制不是真正的中央集权制度，与中国的中央集权制度相比，缺乏良好的运行机制和人才筛选办法。就中央集权制的建立时间而言，中国确实比波斯帝国晚了约300年，但是中国起点高，设计科学，使中央集权制度得以不断地优化，一直延续到1912年清政府倒台。

中央集权制在中国实行了2000多年，这就说明了它的生命力。而波斯帝国却只持续了200多年。如果波斯帝国的中央集权制足够成熟，像中国古代一样，有高效运转的组织机构，波斯帝国就很有可能继续向东征服，也许会对中国形成强大的威胁。

3.6 突厥文化族群与当代土耳其

3.6.1 突厥的简史

突厥文化可以说是对中国以及中亚都有很深影响的一个族群文化，实际上，突厥原本只是一个很小的部落，生产力不发达，文化体系不健全，但是它给世界留下了强大的突厥语。一个小民族留下大语种，这本身就是一个奇迹。创造这个奇迹的就是突厥人的治国策略，或者说发展战略，即蓝海战略。突厥人通过侵略和征服，迫使被征服的民族讲突厥语，接受突厥文化，这样就形成了今天广义上的突厥语。所以此时突厥人并不是血缘的概念，而是文化、语言的概念。

其实突厥人最早是指阿史那部。这个部族人口数量很少，最开始只有几百户，就生活在中国西北部，靠近今俄罗斯、哈萨克斯坦那一带的阿尔泰山地区。阿尔泰山地区因为形状很像头盔，头盔用突厥语叫“toukui”，“突厥”当是头盔的突厥语音译，就形成了这个族群的代号，时间长了，“突厥”就成了族群的族号，这就是突厥的来历。

这个民族一开始是一个部落，当时归于柔然。柔然把这个族群安排到那个地方炼铁。所以突厥人又被称为“柔然锻奴”，就是锻炼铁的奴仆。随着时间的推移，这个族群渐渐也强盛起来，把宗主国柔然灭国，在公元552年建立了突厥汗国。

发展到一定规模的时候，突厥汗国就开始窥伺周围的国家，在公元582年开始对隋朝用兵，结果失败，突厥汗国内部也在争权夺势，最后分成了东突厥和西突厥两股势力。

隋朝末年因为连续对高丽用兵，三次兵败，整个隋朝的军事实力大幅度削弱，国力也不如以前，最后被唐取代。基于蓝海战略，突厥人攻打唐朝，也确实一度威胁到了唐朝的安全，因为当时唐朝正处在建国初期，国力不够强盛，被迫与突厥签订了《渭水之盟》。

到了贞观三年（公元629年），突厥人又来敲诈勒索。经过三四年的发展，唐朝的国力已经强盛起来。所以，等到突厥再来的时候，唐太宗李世民派大将李靖、李勣统兵十余万，分道出击，彻底把东突厥灭国。

到了公元657年，唐朝大将苏定方，对入侵的西突厥进行了毁灭性打击，西突厥也土崩瓦解。从此以后，突厥在中国的历史上就彻底消失了。

3.6.2 突厥人的文明遗产与族群

突厥人给人类文明留下的遗产就是其文字和语言。突厥人是中国北方游牧民族中第一个创造文字的民族，突厥文的形成，给中亚这些游牧民族起到了非常好的黏合作用。到了8世纪，突厥文已经相当成熟，结构完整，词汇丰富。正是因为这是一门比较成熟的语言文字，直到今天很多地区依然用突厥语。

突厥人自己没有产生宗教，一开始是信萨满教。他们先后信仰过波斯人的琐罗亚斯德教，中东以及西方的景教，也就是基督教聂斯脱里派，还信仰过印度的佛教，到了8世纪、9世纪，突厥人被阿拉伯人征服，又开始信奉伊斯兰教。特别是到了10世纪，大部分的突厥人皈依伊斯兰教。这个时候，伊斯兰文化就成了突厥文化的核心。突厥语与伊斯兰教的传播使突厥人的后裔形成了一个强大的族群，即便在今天，这个族群的人数也是相当可观的，包括土耳其人、哈萨克斯坦人、吉尔吉斯斯坦人、乌兹别克斯坦人、阿塞拜疆人、土库曼斯坦人、鞑靼人，等等。

在突厥的谱系里，有土耳其人和中国新疆的维吾尔族人。那维吾尔族人和土耳其人算是突厥人吗？其实他们只是在语言方面属于突厥语系，从血缘上来说与突厥人没有任何关系。中国维吾尔族的祖先原来是在草原上的回纥人，回纥人与突厥人是完全不同的族群。[1] 两者在中亚的合流只是结盟，没有血缘关系。所以说，中国的维吾尔族是中华民族自古以来存在的一个少数民族，是中华民族的一部分，与土耳其人、突厥人没有本质的联系。

其实，土耳其人也不是纯种的突厥人，是突厥人中的一支——乌古斯人。乌古斯人原来居住在今乌兹别克斯坦境内。公元8世纪到11世纪，突厥乌古斯人向西进入了小亚细亚，与当地突厥化的希腊人、波斯人、亚美尼亚人等长期结合。当时的土耳其有一部分塞尔柱人，他们建立了鲁姆苏丹国。乌古斯人的到来增强了塞尔柱的实力。

1299年，趁着塞尔柱帝国内部混乱，土耳其人酋长奥斯曼一世独立建国。此后，奥斯曼帝国侵占了巴尔干半岛大部分，兼并了小亚细亚，又征服了南高加索、库尔德斯坦、叙利亚、巴勒斯坦、阿拉伯半岛部分地区及北非大部，形成了一个庞大的奥斯曼帝国。奥斯曼帝国经过世代的征服，竟然由一个小族群、小国家、小邦国发展成横跨欧、亚、非三洲的大帝国。

中世纪结束之后，欧洲列强逐渐通过工业革命开始崛起，在整个亚洲都没有对手。只有奥斯曼帝国还可以和欧洲列强竞争。到了20世纪初，奥斯曼帝国竟然非常糊涂地参加了一次战争，那就是第一次世界大战，结果战败于协约国。

战败之后，奥斯曼帝国的领土，包括原来的埃及、苏丹、中亚这些国家和地区，全部被欧洲列强瓜分。最后奥斯曼帝国只剩下现在的土耳其这块土地，引起了国内的极大不满。其中有一个青年军官叫凯末尔，他发动了一场国民运动，把奥斯曼帝国政权推翻了，1923年建立了土耳其共和国。

凯末尔一心要强国，向西方学习，民主宪政的道路是他选择的方向。土耳其共和国成立后，第一件事就是废除伊斯兰教君主政体。正是凯末尔

[1] 田忠福．民族分裂主义的反动本质及其防范对策研究［J］．江苏省社会主义学院学报，2011（4）：49－53.

改革，使土耳其从一个封建的、神权的君主专制国家变成了一个民主宪政的共和国。凯末尔革命成功后曾经说过一句话："我终归于尘土，而共和国将永存。"这句话特别感人。

正是因为凯末尔这样坚定地践行共和思想和民主宪政思想，使土耳其获得了新生。一个伊斯兰教君主政体，有几千年的宗教影响，凯末尔为什么能够实施改革并获取成功？因为他有法宝，因为他是军队的绝对领袖。凯末尔是军官出身，军队绝对服从于他。有军队的支持，凯末尔就可以按照自己的意志进行现代化改革。这也造成了土耳其今天特有的现象，那就是军队有特权。在土耳其，维护宪法尊严的不是议会，而是军队。军队维护宪法的方式很简单，如果政权偏离了宪法的方向，军队就会发生政变。所以，在土耳其，发生政变不是很稀奇的事，只要时机成熟，军队就会发生政变，所以政变成了土耳其维护宪法的一个特别手段。

3.7 被先进文明碾压的印加文明

3.7.1 印加文明的代表——马丘比丘城

印加文明演变为一个文明传奇，是因为整个印加文明建立在高山峻岭之上。最具代表性的遗址就是马丘比丘，"马丘比丘"的本意是"古老的山"，也被称为"失落的城市"，因为它被发现得非常晚。

马丘比丘是一座精美绝伦的城市，雕刻和建筑都美轮美奂。而且整个城市建立在一个海拔高达2350米的山基之上，俯瞰着整个乌鲁班巴河。整个城市都被热带的原始森林所覆盖，可谓世界上的一大奇迹。

印加帝国当年把这座城市建得如此宏伟，其实是为了祭神。世界上传奇的大型建筑基本上都是为了信仰的需求而建造的。如果是为了世俗的生活，我们就很难想象了，这种山巅，人类爬上去都非常费劲，建筑一座城市的艰巨程度更是难以想象的。城市位于崇山峻岭之间，周围是千米悬崖，悬崖之下是滔滔江水。在这样一个与世隔绝的崇山之巅去建筑一座城市，如果不是有信仰的力量支撑，恐怕印加人没有这么大的动力。从远处看马丘比丘侧面，恰似一个非常完美的人头像，而这个头像跟印加人所信奉的太阳神的形象几乎如出一辙，所以，他们认为这里是神的居所，要千辛万苦地在此祭神，以求神能够在第一时间聆听到他们的祷告，进而莅临他们所设的道场，护佑他们的家国。

3.7.2　西班牙人对印加帝国的殖民

印加帝国是一个黄金帝国：第一，黄金储量非常大；第二，黄金的开采技术非常成熟；第三，黄金的加工技术更是精湛，制造了很多工艺品和生活用品、祭祀用品。其实，黄金在印加帝国不是货币，只是装饰品和实用品而已。因为在印加帝国，市场经济的作用非常有限，许多产品的交换都是通过政治的渠道完成的。

印加帝国的富足也被贪婪者所窥伺，千方百计想将其征服以掠夺黄金。事实证明，西班牙人将其征服。1532 年 9 月，西班牙政客、商人、探险家、投机客弗朗西斯科·皮萨罗，带领 177 人和 62 匹战马，深入印加腹地去猎取黄金。当皮萨罗带领部队千辛万苦来到印加的卡哈马卡城时，他们发现这座城市竟然如此恢宏，管理得井然有序，而且到处是黄金。所以他们想尽办法掠夺黄金。在印加帝国的首都库斯科，当时印加帝国执政的国王阿塔瓦尔帕误认为西班牙人是太阳神的使者，对他们极为尊重。而在广场中央，皮萨罗派出的托钵会修士文森特·德巴尔维德手捧《圣经》，宣称“以上帝和西班牙国王的名义”要求阿塔瓦尔帕皈依基督教，遭到了拒绝。西班牙人进行了大屠杀。西班牙人的武器是枪炮，而当时的印加人最强的武器是石头、长矛。而且本次活动原是欢迎太阳神使者和谈判的外交活动，印加人根本没有携带武器，所以遭遇惨败，国王阿塔瓦尔帕被生擒。于是国王通过结绳记事向全国下达政令，把全国的黄金白银都送到库斯科。神秘的绳结被印加人称为奇普，是用棉线、骆驼或羊驼毛线制成的，在一根主绳上串着上千根副绳组成。主绳通常直径为 0.5—0.7 厘米，上面系着很多细一些的副绳，一般都超过 100 条，有时甚至多达 2000 条。印加帝国的政令都是如此下达给全国的。于是，六吨的黄金、十二吨的白银，源源不断地从印加各地送到了库斯科，很快就要把房子堆满了，达到释放国王的要求。但是，西班牙人背信弃义，说“不要再堆黄金了，现在我要判你死刑，对你处以火刑”。西班牙人给印加国王阿塔华尔帕安的罪名竟然是通敌罪。“欲加之罪，何患无辞。”最后出于“仁慈”，他们将国王阿塔华尔帕的火刑改成了绞刑。在侵略者的刀枪之下，在西班牙人把国王阿塔瓦尔帕处死之后，整个印加帝国就处于一种瘫痪的状态。所以，西班牙人很快就控制了印加帝国，当然其间也遭遇了几次起义，但是都没有成功。所以，不足两百人的西班牙人就把一个千万人口的大国征服了，并在这里逐渐组建了后来的西班牙殖民政府。

殖民政府的收益方式发生了变化，由一次抢劫变成长期的殖民主义，政府收益更具长期性、稳定性，这也符合经济规律。印加帝国灭亡以后，西班牙把整个国家占领了，把印加帝国原来的教堂和神殿都摧毁了，在原来的基础上建立起恢宏的大教堂。原来印加人都信奉太阳神，西班牙人强迫其信奉基督教。

3.7.3 先进文明碾压落后文明

先进文明征服落后文明是一种碾压式的、彻底的、完全的胜利，是不能以双方人口数量来衡量胜负的。

比如19世纪八国联军入侵中国，实际战斗部队不到3万人。当时清王朝有百万雄师，但是清朝的战马和弯刀在八国联军的炮火之下毫无抵抗力，即便有再多的人、再多的战马，失败也是必然。所以，文明与文明之间的战争，不是以数量取胜，而是以质量取胜。

在16世纪大航海时代到来，船造得更大了，指南针早已由中国传到西方，航海技术发展也比较成熟了。其实西班牙人当时的目的地不是美洲，因为他们根本就不知道有美洲，而是希望到达东方的印度和中国，因为受到《马可·波罗游记》的影响，他们认为东方的中国和印度遍地是黄金。西班牙航海家哥伦布等人相信地圆学说，想通过西行到达东方的印度和中国，但是对地球的周长估计偏误，结果到达美洲，印加帝国灭亡。

文明的兴亡似乎有一定的偶然性，比如这次大航海，西班牙人本来要去印度，却跑到了美洲。但这不是根本原因，如果印加帝国非常强大，西班牙人来了，不要说不足两百个人，就算是成千上万人，印加人仍然可以将他们消灭。印加自身的文明程度高度不够，这是印加帝国灭亡的根本原因。这个“因”一直存在着，一有机会，它就会产生作用，发生的“果”就是亡国。

区别是因果关系在什么样的时空中进行排列组合。所谓印加文明辉煌、玛雅文明辉煌、阿兹科特文明辉煌，其实，它们与同时期的其他文明，特别是在中世纪以后的欧亚大陆其他文明相比，都是比较落后的。

从印加文明的兴衰可以得到如下的启示：

文明与文明的博弈其实是很残酷的，先进文明取代落后文明是历史的必然。只有不断地发展自己，迎合先进的生产力，甚至引领先进的生产力，国家、民族、组织、家庭、自身，才是最安全的，安全来自文明内在的竞争力。

4 智者与启示

农业经济作为早期文明生产经济体系中最为成功的经济形式，以种群生产为目标，需要大规模合作，一方面依赖于神话与宗教、武力强制等强制力，也依赖于公平的协商、法治等降低内部交易成本，形成多元文明的制度特征。而早期文明发展经验凝结成的文化、宗教、道德等制度形式、意识形态等，对经济发展道路选择产生影响，形成风险规避、低水平重复和多重目标均衡、风险偏好与追求利润最大化的不同路径，并影响了现代化经济发展模式。

4.1 《汉谟拉比法典》与法治

4.1.1 《汉谟拉比法典》

《汉谟拉比法典》珍藏在卢浮宫的亚洲馆，整部法典由三块黑色的玄武岩组成，高 2.25 米，底部的周长有 1.9 米。《汉谟拉比法典》实际上是雕刻在一根石柱之上，石柱的上部是汉谟拉比王站在太阳神和正义之神沙马什的面前接受象征着王权权柄的浮雕，象征着君权神授，王权不可侵犯。石柱的下部则是用楔形文雕刻的法律明文，收录了近 300 条法规及司法判决，成为规范巴比伦王国日常生活的准绳。

汉谟拉比就是接受太阳神沙马什权柄的人，就是古巴比伦王国第一王朝的第六个君主，这部法典就由他来制定，被称为《汉谟拉比法典》。

4.1.2 《汉谟拉比法典》的价值

《汉谟拉比法典》制定的目的是维护奴隶主的权益，但是法典中又强调了保护孤寡、限制高利贷、固定利率，并把债务奴隶制的期限缩短为三年，这在一定程度上来说保护了生产力，调整了自由民内部的关系，对社会的安定、团结起到了很好的维系作用，减少了一些纠纷，是有利于社会发展的一部法律。

当然，更值得称颂的是，这部法典也限制了贵族的权力，限制了他们横行不法的行为，消除了一些司法混乱。《汉谟拉比法典》在一定程度上制约了人性的缺陷，而且通过法律明文对人性缺陷进行了自我约束和自我修复，这样就慢慢形成一种法治文化，这种法治文化使人们逐渐形成一种自觉，自觉地去遵守法律，这应当说是人类文明的一大进步。

一些条文体现了文化自觉、人性缺陷，比如，“以牙还牙、以眼还眼”这句话往往被认为出自《旧约》。《旧约》在《申命记》一章提出“以牙还牙、以眼还眼、以手还手、以脚还脚”。但是《旧约》的这句话就出自《汉谟拉比法典》，因为《汉谟拉比法典》最重要的一个原则就是以牙还牙、以眼还眼。

《汉谟拉比法典》规定，假如一个平民把另外一个平民的左眼打瞎了，对施暴者采取的惩戒措施就是把他的左眼也打瞎。在《汉谟拉比法典》里还有一个很有趣的规定，如果建筑房子的人盖的房子把房主压死了，就要把这个盖房子的人也压死。医生如果给别人，特别是给贵族和自由民治病，结果这个病人死在了床上，或者说留下了非常严重的残疾，那么就要对这个医生进行惩戒，砍掉他的双手。

《汉谟拉比法典》是人类迄今发现最早、最完整的一部成文法典。是不是在《汉谟拉比法典》之前没有类似的法典呢？可能有，但是我们现在考古还没有发现，也有可能有一些法典早就被毁灭了，再也找不到了。

这部法典距今已经3700多年了，比欧洲的罗马法典要早上几百年，《汉谟拉比法典》较为系统地继承了两河流域原有法律的精华，不仅是古巴比伦在使用，后来的一些新兴国家，比如赫梯、亚述、新巴比伦还在继续使用，之后又通过希伯来法对西方的法律产生了重要的影响。可以说，这部法典是古巴比伦人对整个社会的经济、文化、法律等方方面面进行全方面考察、调研、了解之后所作的重要文献。

4.1.3 《汉谟拉比法典》的影响

《汉谟拉比法典》在历史上有里程碑的意义。因为这部法典非常完整，分为序言、正文、结语三部分，现代的法律也是由这三部分组成。《汉谟拉比法典》旨在维护财产私有制，比如对巴比伦人进行分级，分为自由民与奴隶，自由民享受特权，而奴隶在法律上没有权利，被视为奴隶主的财产，杀害奴隶或者损伤奴隶的身体，意味着奴隶主的财产遭受损失，侵害人需要承担的是财产上的责任，也就是说，伤害奴隶不需要承担刑事责任，只需要承担民事责任，赔点钱就能了事。

当然，法典的一些精神还是传承至今，影响着西方，西方很多法律的原则源自这部法典。

比如，《汉谟拉比法典》规定，必须要有证据才能定罪，有罪推理是不合理的，必须进行无罪推理，就是要用证据说话；要设置公民陪审团，现在在西方都有公民陪审团，中国有人民陪审员制度；所有法律案件都要立案，并且做记录，这样方便以后察看和审阅。这部法典是一部关于整个古巴比伦社会、法律、制度非常重要的参考文献。

《汉谟拉比法典》对当今的我们而言也有借鉴意义。阿克顿的一句名言“绝对的权力导致绝对的腐败”，有权力的人往往滥用权力，如何把权力关进笼子里呢？《汉谟拉比法典》给出了很好的答案，那就是，无论谁，哪怕是贵族，也要遵守法律的规则，把权力关进笼子。

所以，在这部法典的开篇，汉谟拉比意味深长地写了一段话，他说：“我在这片土地上创立法律和公正，在这时光里我使人们幸福。”这体现了制定《汉谟拉比法典》的一个初衷。

4.1.4 法制与人类进步

实际上《汉谟拉比法典》的目标无法全部实现，因为《汉谟拉比法典》是法制，而不是法治。法制和法治有什么区别？法制是一种法律条文和制度的总称，而法治是按照法律治理国家的政治主张。

在法制与法治上，《汉谟拉比法典》想实现的就是汉谟拉比所说的，“我在这片土地上创立法律和公正，在这时光里我使人们幸福”。但是，很遗憾，他的这一愿景是不可能实现的，因为这部法典是法制，没有法治。现代社会最终追求的是法治，体现的是法的精神，而不是统治的手段。

实现法的精神，关键一点是要有文化的自觉。所谓的文化自觉是让人有羞耻感——我不是不敢犯法律，我是不愿意犯法律，我是不耻于犯法律。任何的犯罪都得付出很高的社会成本，通过对罪犯的惩戒，让他付出成本和代价，这不是目的，只是手段，手段是为了让每个人都能够实现人性的自觉、文化的自觉，只有如此才能真正达到法治的目的，所以文化自觉是法治的核心。

《汉谟拉比法典》想实现文化的自觉，也局部实现了文化的自觉，但是大部分还是法律的条文，还是统治的手段。

4.2 释迦牟尼的慈悲与平等观

4.2.1 释迦牟尼的时代背景

释迦牟尼是对佛教创始人的一种尊称，其本名叫乔达摩·悉达多，释迦是他的族姓，牟尼是对出家修行得道者的一个尊称，对应的中文没有特别准确的，只能大致翻译成“极净”“圣德”，所以，如果将“释迦牟尼”翻译成中文的话，就是“能忍寂寞”，称为世尊、佛陀。

后世人为了表示对释迦牟尼的尊重，就给他起了很多的名字，比如如来、应供、正遍知、明行足、调御大夫、天人师、佛、世尊，等等，从不同的角度来赞美释迦牟尼的伟大与圣德。释迦牟尼是贵族出身，因为他是中印度迦毗罗卫国的王子，迦毗罗卫国在今天尼泊尔的蓝毗尼。当年迦毗罗卫国的王宫地基至今都保存得相当完整。

释迦牟尼生活在公元前565到公元前486年间，正是中国的春秋时期，那个时期印度的商品经济开始繁荣，这促使释迦牟尼所在的阶层刹帝利崛起，因为他们管理行政，可以征很多的税，所以变得非常富足，同时又有很大的权力。于是，他们慢慢开始产生一种对婆罗门的逆反心理。婆罗门就是当时的神权阶层，神职人员是印度种姓制度中的最高种姓，在刹帝利之上。当时反对婆罗门的思想很多，林林总总，总称为沙门。沙门，意为勤息、息心、净志，也就是讲究修行，通过修行来改变自己的命运，而不是相信婆罗门所宣扬的人生而不平等——分为四大种姓：婆罗门、刹帝利、吠舍、首陀罗，还有四姓之外的贱民。

这些反对的声浪分为一些不同的宗教流派和思想流派，比如佛教、耆那教、生活派、顺势派、不可知论派，等等。

4.2.2 释迦牟尼的贡献

笔者认为，佛陀的核心思想主要有下面三点：

第一，他破除了等级观念，提出了众生平等。不仅是人，连畜生都是平等的，畜生只要修行也能够成道。所以，从这个角度来看，佛陀是何等伟大，他的平等是如此彻底、如此决绝，是有先进的思想和观念的。所以，用现代时髦的话说，释迦牟尼是当时思想的革命者。

第二，他开拓了我们的宇宙观和世界观。古代人对世界的认识是非常有局限性的，又没有现代的仪器去观测天文，所以人们都是想当然地认为这个世界是天圆地方的，西方人认为地球的万事万物都是上帝创造的。

但是，佛陀认为，没有世界中心，世界辽阔无垠，三千大千世界。一个大千世界等于一千个中千世界，一个中千世界又等于一千个小千世界。一个小千世界就是以须弥山为中心，在同一个太阳和月亮照耀下的天地。三千大千世界浩渺无边。据最新研究，天文学家结合新的数学模型来计算其他尚未在望远镜中观测到的星系，其结果就是，宇宙至少有两万亿个星系。

佛陀竟然又提出一句令人非常震惊的预言：这个世界又是非常小的，小而无内。小得不能再小了，这个世界可以无限地细分下去，这和我们现代物理学所说的分子、原子、夸克粒子一样，一直可以分下去。

佛陀在那个时代竟然能够预测意识和物质的关系，色不异空，空不异色，色即是空，空即是色。色是什么？物质世界。空是什么？是不自性。也就是说佛陀很早就认为这个世界是以不自性而存在的。什么叫不自性？就是不会永恒存在，即现在的物质世界形形色色，那都是在特定的时间、特定的空间呈现出来的。空间、时间发生变化，物质世界便会发生变化。而当今的量子力学也证明了这一点，物质和意识的关系是因为有意识的存在，所以物质的世界不是恒定的。也可能是巧合，但是在那个时候能提出这样一个思想，确实是有想象力的。

第三，佛陀给人类带来的精神财富是慈悲和智慧。在寺院礼佛往往都会双手合十，双手是有寓意的，一手代表慈悲，一手代表智慧，双手合十是向佛表示感恩，所以在寺院是礼佛而不是求佛。礼佛，就是向佛表达崇敬之心、感恩之心，因为他给了我们慈悲和智慧。什么是慈悲？慈就是对人善良，悲就是怜悯心，一个人对人又好又有怜悯心，这个世界才会变得不那么陌生、那么冷漠，会变得富有温情。什么是智慧？智慧就是不昧生死，不能够让人活得糊糊涂涂，要活得真真切切、明明白白，非常透彻，这样活着才没有恐惧，才没有忧患，才活得坦然、从容。佛陀的思想博大精深，代表了文明发展的高度。

4.3　孔子的仁

4.3.1　集大成者

1988 年 7 月，众多诺贝尔奖获得者在法国巴黎召开了一次大会，会议主题是“21 世纪的挑战和期望”。当时诺贝尔物理学奖的得主瑞典人汉内斯·阿尔文博士提出一个理念：“人类要在 21 世纪生存下去，就必须回到 2500 多年前，去汲取孔子的智慧。”为什么人类进入信息时代还要汲取孔子的智慧呢？孔子的思想有什么能量能如此影响世界？这都要从孔子出生的时代讲起。

孔子生于春秋时期，子姓，孔氏，名丘，字仲尼，三岁丧父，家境贫寒。孔子当时所处的春秋时代，西周社会以血缘氏族为基础的政治制度正在土崩瓦解，而基于文化认同的华夏民族的共同体开始形成，这是中国人文化自觉的萌芽时代，所以当时古典成为一种时尚，这种时尚使一些人开始思考天道人生以及当下的社会秩序。

因为当时的社会礼崩乐坏，用一个字概括就是“乱”，用孔子的原文就是“君不君、臣不臣、父不父、子不子”，关于当下的社会如何管理，仁人志士都在思考，关于世界的未来如何发展，每个人都忧心忡忡，其中最具有代表性的人物当然是孔子，他是集大成者。

孔子的思想主要有两点：仁和礼。仁者爱人。仁者爱人既是一种相互的体恤，也是一种内在的中恕之道，这种中恕之道表现在人伦上就是“己所不欲，勿施于人”。所以，仁是一种人生哲学。礼是克己复礼，克制自己，使自己符合礼的要求，这是一种社会秩序的需要。孔子认为，人生的修行就是仁礼合一，由凡而圣。孟子继承其思想，逐步发展出“仁义礼智信”儒家五常。

4.3.2 中华文明的源头活水

农耕文明的理论基础是《易经》。《易经》认为世界是一个整体的创化，用现代语言来说就是宇宙大爆炸，阴阳分化，多元发展，不断冲击、补充、形成新宇宙的过程。古人很早就知道这个宇宙在不断地分化，这个分化的过程需要一个模型来表现，这个模型就是八卦。八卦其实是由混沌的太极生成两仪，就是阴和阳，阴和阳又形成四象，四象形成八卦，八卦又演变成八八六十四卦，每卦六爻，共三百八十四爻。三百八十四爻其实是一种大数据管理，把各种事物进行整合、加减乘除，最后算出结果。其实事物的发展方向就是三百八十四个选项，这是一种预测管理，预测的基础是大数据统计。所以古代的人用《易经》推演，把每天天气的变化、人世的变化等，用卦挂起来，说白了就是每天做统计，进行大数据管理。

阴阳学说。古人认为天地之间是由阴阳形成的，通过五种能量表现形式，就是金、木、水、火、土，即五行。《孔子家语·五帝》篇中记载：

“天有五行，水火金木土，分时化育，以成万物。其神谓之五帝。”五行的意义包涵借着阴阳演变过程的五种基本动态：润下、炎上、曲直、从革、稼穑。这里的金不是金属，木也不是木头，水不是我们真正看到的水，金代表收敛，水代表变动不居，火代表炎上、融合，木代表生发、伸展，土代表中和、统筹。这五种功能对应的是我们自然的八种现象，就是天、地、水、火、风、雷、山、泽，用八卦卦词来表现就是乾、坤、震、巽、坎、离、艮、兑。八卦与五行，彼此是一种表里关系。表现出的是八卦，是天、地、水、火、风、雷、山、泽，是能量的一种自然的对应，所以五行是能量，而八卦是能量的表现形式，具体说就是，乾对应金，坎对应水，离对应火，震、巽对应木，艮、坤对应土。八种现象通过五种能量表现，相互成全又相互制约，相互成全表现为五行中的相生，相互制约表现为五行中的相克。这种相生相克的关系是经过几代人梳理出来的。伏羲氏创造最开始的先天八卦，关注日月星辰。周文王根据北方的情况制定出后天的八卦，对应的是整个河山地理及节气，商朝时只有四个节气，到了战国末年发展到了八个，到秦汉年间，二十四节气已完全确立。而孔子对周文王的八卦进行解释，增加了十翼。十翼解决的是人世关系——人与人的关系、人与社会的关系、人与组织的关系。可以说，这时“天地人”三才才打通。

4.3.3 孔子的伟大之处

感性地来看孔子，会发现他有两点非常了不起。

第一，孔子是理想主义者，他的理想主义就是要修齐治平，打造一个大同的世界。天下大同是孔子的最高追求。

孔子当时任鲁国的司寇，相当于司法部部长和监察院院长。同时他还摄相位，代理国相，相当于今天的代总理。但是，因为和三桓不合，三桓没有修齐治平这样一个理念，没有建立天下大同的理念，孔子认为，道不同，不与之谋，一摆手就拜拜了，游历列国，兜售自己的思想。

孔子周游列国最大的梦想是当官，当官是手段而不是目的，他要通过当官来积极地入世，关照现实，在现实中推行理想是孔子最伟大的地方。

他的理想是非常高远的，但同时他也能弯下腰来做具体的事情，推动理想的实现。所以，他绝不是一个空谈者，而是一个实干家。

第二，孔子非常了不起的地方就是他的教育平权。在孔子之前，教育是属于贵族的、被垄断的。但是，孔子办私学，弟子三千，贤者七十二，所以打破了贵族的教育垄断，真正让那些平民孩子也有受教育的机会。特别是孔子提出“有教无类”，这个思想在今天看来依然是非常先进的，正是因为有教无类，弟子三千，贤者七十二，这七十二人成为当时各个国家的栋梁之材，也成为儒家学派延续辉煌的人脉根基。

正是有这样的教育理念，孔子提出“修齐治平”，可以说是抓住了教育的根本，是完善自我、成就伟大的大仁之学、大道之学、大学之学。正因为如此，孔子才被后世尊称为孔圣人、至圣先师、大成至圣文宣王先师、万世师表等，这说明了中华文化乃至世界对孔子的认同。

4.4 释迦牟尼、孔子与苏格拉底比较

4.4.1 人类思想的第一个高峰

首先，我们要对这三个伟大的人物做一个简单的了解。这三个人都出生在大致相同的时代，那就是公元前5世纪前后。孔子的生卒年是准确的，是公元前551年至公元前479年；据推断，释迦牟尼大致生于公元前565年，卒于公元前486年；苏格拉底生于公元前469年，卒于公元前399年。

其次，这三个人物非常了不起，他们几乎在同一时代发出了狮子般雄伟的声音，开启了人文自觉时代，促进了人性的觉醒，这个时代可以说是人类思想的第一个高峰，称为轴心时代，从浩繁的思想元素里边简单提炼一下，具体的表现就是孔子的仁、释迦牟尼的慈悲和苏格拉底的善。

4.4.2 三位先哲的相同点

三者之相同点：

孔子的仁就是“仁者爱人”，所谓仁者爱人就是用爱来体现仁，仁是

天地的一种本能，一种大仁，一种能量场，这种能量场表现出来就是爱，就是亲近，所以孔子的仁是中国哲学思想上的一个高峰，因为把人放在了第一位。

佛陀为什么要对人慈悲？因为人生皆苦，释迦牟尼说，人生而痛苦，人来了就是苦集灭道。四谛之中第一谛就是苦，人生来是痛苦的，有生、老、病、死、求不得、怨憎恨、分别离、五阴盛苦，即人生八苦。既然人生来是痛苦的，佛陀就要帮助人解决痛苦，所以有了灭谛和道谛，也就是帮助人了却这种痛苦，从这个角度来说，说这种思想是宗教也好，说它是一种人性关怀也好，说它是一种人生观也罢，其实本质都是一样的。

后来释迦牟尼被神化了。当时释迦牟尼是一个老师的形象，他是以老师教导学生的方式来传播他的思想的，从这个角度来说，他跟孔老夫子是一样的。释迦牟尼在世的时候从来不认为自己是佛，他只是说佛是可以修行成就的，是后世把他神化了、演绎了。释迦牟尼在那烂陀小住并讲法后，经巴陵弗城到了竹园精舍，在那里，释迦牟尼对他的侍者阿难说了极为重要的一句法："阿难，我所说法内外已讫，终不自称所见通达。"（《长阿含经》卷二《游行经》）

苏格拉底的善也是对人的一种认识，他认为人的本质就是善，应该关注人的心灵，就是应当关照如何来认识自己、指导自己。心灵就是最大的善，使自己心灵纯洁、成为有美德的人，这是善的一个根本目的。所以，在认识自己的理性原则时，苏格拉底强调人必须首先承认自己无知，知道无知才是真正的有知的开始。老子其实也表达过这个观点：自知者明。

但是，苏格拉底又通过灵魂的理念、回忆，给人指出从无知到有知的途径，可以说，苏格拉底的知绝不是纯粹的知，而是与人同行的、行知相通的，也就是知和行是统一的，这又和王阳明的"知行合一"对应。

所以这些先哲有相通之处。在古希腊，神的道德束缚着人，关于什么是对、什么是错、什么是善、什么是恶，没有标准答案，人们要想知道答案，都是靠求神、问卜、打卦、在庙宇祭祀，才能够获得所谓的神谕。但是，苏格拉底说，天赐道德这话是错误的，道德是人在自我学习中获取的。苏格拉底把哲学从天上带到地上，又从地上带到人的家庭里、生活中，带到人的衣食住行中，带到了方方面面。所以，苏格拉底的善是人间的善，不是神的善。[1]

4.4.3 新思想的革命性

三位先哲都提出了新思想，而且是革命性的，这种革命性又不是完全的、彻底的。

孔子谈仁，仁是非常先进的一个理念。同时他又谈礼，克己复礼。礼就是“君君，臣臣，父父，子子”，理智上表现为仁。这种认知虽然提高了人的地位，告诫统治者要处理好人与人之间的关系，要学会相亲相爱，但他同时提出了克己复礼，又承认了严格的等级秩序，这一点对人有一定的限制。

释迦牟尼的慈悲思想是矛盾的，表现在对人生之苦和解脱的途径上。这种慈悲告诉统治者要有慈悲之心，同时也转移了底层人对痛苦的注意力。在阶级社会，统治者、剥削者和被统治者、被剥削者都具有不可调和的矛盾，但是现在佛陀说人要自觉自省，向内求，不要向外求。向内求的结果就是淡化剥削，而变成底层的一种自省，这种自省把阶级矛盾模糊了，甚至矛盾的方向发生了转移，这一点对统治阶层是非常有利的。

苏格拉底的善也是表现在人神关系上，但是苏格拉底认为这个世界上的一切都是神创造出来的，宇宙的万物都是为了某种目的而被神创造出来的。所以他一方面看到人的作用，另一方面又不能够摆脱神的束缚。苏格拉底一生把重点放在研究善上，重视对人的研究，重视人的道德，但又摆脱不了希腊社会根深蒂固的神学观念。

苏格拉底所生活的希腊时代是一个神话时代，神话几乎蔓延了所有的领域，如花有花神、太阳有太阳神、月亮有月亮神，万事万物都有神，所以希腊简直是神的国度，神的概念深入希腊人的血液。苏格拉底也难以免俗，所以苏格拉底的善是在人的层次上，但是人层次上的善是在神的统领

[1] 范志均．现代视域中的苏格拉底问题［J］．宁夏大学学报（人文社会科学版），2012（5）：69－73.

之下，也就是说，善是神创造出来的，这一点是自相矛盾的。

4.4.4 三位先哲思想的区别

第一点，在重视人的基础上对鬼神的态度。

孔子反对鬼神，怪力乱神在孔子看来不值一提。所以他的弟子问世界上有没有鬼神时，孔子说“未能事人，焉能事鬼?”“未知生，焉知死?”孔子敬鬼神而远之，虽然不反对，但是与之保持距离。“未能事人，焉能事鬼?”就是把人活明白了，把人世间的事思考明白了，再去思考鬼神。“未知生，焉知死?”此生还不明白为什么要生，还研究死做什么？当下的问题都没解决，未来的问题以后再说。

释迦牟尼的慈悲来自人，而不是神。释迦牟尼骨子里很接近唯物主义者，他不相信当时社会所分的四种姓，也不认为这个世界是由神所决定的。他认为人的修行决定了人的未来，所以有因果理论、业力理论，但是他在这方面又解释得不那么彻底，他不像孔子那么坚决、明白地说“未知生，焉知死”?

与孔子和释迦牟尼相比，苏格拉底的思想中包含着非常明显的神学思想。苏格拉底认为这个世界上的一切都是神按照自己的意志安排的，都是合乎一定目的的。所以，从这一点来看，孔子对神敬而远之，释迦牟尼态度模糊，苏格拉底是坚决的有神论者。

第二点，思想形成的基础不同。

孔子的仁学思想是建在礼学基础之上的，礼讲的是社会秩序，也就是必须有一个良好的社会秩序，仁才能够体现出来。

而释迦牟尼的慈悲是建立在原始的平等基础之上的。他认为所有人都应该慈悲，所以他的思想得到底层大量穷人、奴隶的欢迎，这些人把释迦牟尼看成救世主，他迎合了底层人们的需要——清除种姓制度，争取人人平等。

苏格拉底的善建立在知识论的基础之上，他认为道德的行为必须奠基于知识、产生于知识，认为人应该具备两方面的知识：一方面是关于善的知识，另一方面是关于自然的知识。他认为，聪明人应该懂得什么是善、什么是恶、什么是美、什么是丑，从而成为一个有道德的人，知道了还不够，还要去行。

第三点，强调的重点不同。

孔子的仁强调的是社会秩序，他看到了社会中人与人之间的矛盾，这种矛盾的解决方案是折中调和，也就是“极高明而道中庸”。

而释迦牟尼的慈悲是什么？他提倡来世，提倡禁欲，有一点神秘主义。

苏格拉底善的思想确实逃避了现实的矛盾，他在和别人讨论善的知识、道德、伦理的时候往往是通过对话进行，不断地揭露矛盾、解决矛盾，使对方承认自己无知，修正错误，从而达到接受苏格拉底认为正确的、普遍的知识的目的，也就是他的精神接生术、概念辩证法。他否认感性的认知，在他看来，如果我们用眼睛来看事物或者妄想，通过感官帮助来了解，我们的灵魂就变瞎了。苏格拉底重视理性，认为只有抽象的概念才是永恒不变的，所以他是精神世界形而上的一种善，对现实的关照没有释迦牟尼和孔子那么丰富、那么扎实。

总而言之，通过分析孔子、释迦牟尼、苏格拉底关于仁、慈悲和善的思想，我们会发现人类的思想在形成初期大体上是平行的，但是因为地理环境、生活空间、生活地位的不同，导致了差异，这种思想的差异相互交融、相互影响，成就了文化的一个高峰期，这种高峰期具有相通性，也有差异化，这种相通性都是对于人的关照。

所以，在信息时代，隔着时空去看三位先哲，他们变得不再神秘，不再让人膜拜，而是变得可爱、可敬、可亲，他们的瑕疵、不足、弱点甚至变得可见，但是瑕不掩瑜。

4.5 柏拉图的理想国

4.5.1 柏拉图的人生经历

柏拉图与他的老师苏格拉底、学生亚里士多德并称为古希腊三贤。柏拉图学术体系承上启下，奠定了整个西方的哲学基础。他是西方政治、文化、哲学的集大成者，还创建了西方的第一个学园。他所倡导的理想国集中反映了他的教育、政治及哲学的思想。

柏拉图出身贵族，原本想继承家族的传统从政，但是后来情况发生了变化，斯巴达与雅典经历一场大战，雅典被打败。公元前 399 年，柏拉图的老师苏格拉底被审判且被处以死刑，所以柏拉图对现存的政治体制完全失望了。于是他开始周游列国，去了意大利、埃及等地，这一点很像中国的孔子，孔子当年也是在鲁国政治失意，然后开始周游列国的。

大约在公元前 387 年，40 岁的柏拉图结束了周游，回到雅典，并在雅典城的西北角一个叫 Akademos 的地方创立了一个学校，就是柏拉图学园。这座学园成为西方文明最早、最完整的高等学府，柏拉图学园奠定了整个西方高等教育的基础。而且这座学园存在了 900 多年，直到公元 529 年才停办。

4.5.2　柏拉图与孔子之比较

柏拉图跟孔子有很多相近的地方，两人都是出身贵族，都想从政，都曾经周游列国，都办了自己的学校。

柏拉图和孔子都出生在乱世。孔子出生在春秋末年，当时的社会如果用四个字来总结，就是“礼崩乐坏”，如果用一个字总结，那就是“乱”。而柏拉图当时所处的环境也差不多，雅典在战争中失利，整个国家被当时的斯巴达统治，整个国家混乱不堪，这一点很相像。

两人的政治理想相同，柏拉图和孔子都想建立等级分明的理想国。孔子看到当时礼崩乐坏、强者为王，心里很反感，他提出：“上古竞于道德，中世逐于智谋，当今争于气力。”他对这种霸道的社会忧心忡忡，他的理想是要恢复周朝的礼乐制度，实行王道。所以，在孔子的心中其实也有一个理想国，反映在其弟子编撰的《礼记》里面。在《礼记》里面有这么一段话：“大道之行也，天下为公……使老有所终，壮有所用，幼有所长，矜、寡、孤、独、废疾者皆有所养……是谓大同。”所以“天下大同”其实典出此书。也就是说，孔子想要建成的是一个大同的世界。

其实孔子也很清楚，大同世界是一个美好的愿望，是不可能实现的。孔子也有备选方案，既然大同世界不能实现，那就建立一个等级有序、各安其道的社会。齐景公曾经问政于孔子，孔子说这个社会应该“君君，臣臣，父父，子子”，也就是说应该井然有序。孔子说，理想的社会就是按照这种礼乐制度规定的，上下有序，各居其所，各成其事，这就是秩序井然、管理有序的理想社会。

柏拉图毕生的理想是建立一个理想的国家，也就是理想国。他与孔子的大同国不同，他的理想国的统治者必须是哲学家。他认为，现在的政治都是无效的，人类真正的出路在于哲学家管理政权，也只有真正的哲学家才能拯救当时城邦所处的危机。

柏拉图跟孔子一样，也知道理想国根本不可能实现，所以又写了一部书叫《律法》。在《律法》里，他说，建立一个宪法的国家是仅次于理想国的自由选择。这一点恰恰被西方引申为后来的宪法宪政这样的政治理念。

孔子和柏拉图有很多相似的地方，但在思想教育上，他们其实有很大的不同。

孔子的教育思想是“有教无类”“因材施教”，启发诱导，为人师表。孔子是要通过教育最终在个人的道德觉悟基础之上实现人的全面发展，进行素质教育，这是孔子教育的根本目的。它的表现形式是平民教育、大众教育，甚至是草根教育，而且是民办教育，孔子是中国乃至整个东方第一个民办大学的老师，他的民办大学还分很多科，而且是德、智、体、美、劳全面发展，所以是典型的素质教育。

但柏拉图不是如此，他最重要的主张不是针对平民的，而是针对贵族的，他开展的是精英教育。他的教育最终培养的是统治者，要培养哲学家。他认为统治者是要经过系统的培养才可以产生的。此外，柏拉图认为教育不是个人的事，是国家的事，应当由国家出钱养这些教授，委托教授们培养这些政治家，把政治家都培养成哲学家，哲学家都去当国王。

所以，从这个角度来看，在教育理念上，孔子比柏拉图先进很多，也正是这种理念的不同，导致东西方教育的理念不同。

4.5.3 理想国

理想国是柏拉图所有政治理想的体现，他想建立一个非常完美、优越的城邦，他给我们描绘的是一个理想的乌托邦。柏拉图设计了一幅正义之邦的图景：国家规模要适中，站在城的高处就可以将整个国家尽收眼底。其实他的胸襟不大，就是建立一个小的城邦，站在一个高处就把整个国家看明白了，这个国家可以说是弹丸之地。而且这个国家小到“国人彼此面识为度”，人与人之间几乎都面熟，是一个熟人社会。这是国家还是一个村呢？所以，这种国家是城邦，而不是我们说的“天下”。

柏拉图认为这样的国家好管理，把这个国家分为三个阶层：一层是治国者，一层是武士，一层是普通人民。治国者代表智慧，武士代表勇敢，而普通人民代表欲望。治国者靠智慧、靠哲学来管理国家，而武士精忠报国、守卫家园，而普通人民就是劳动，提供物质生产资料。这三个等级各司其职。所以，在柏拉图的理想国里，治国者是德高望重的哲学家，他认为只有哲学家才能够认识理念，具有完美的德行、高超的智慧，明了什么叫正义，按照哲学家的思想才能够实现正义的治国理念。

很有意思的是，在柏拉图的理想国里，治国者和武士是不能有私产的，因为他认为，只要有私产、有家庭，人就会产生私心和邪念。所以柏拉图的理想国实际上是非常可怕的极权社会，人不是人，是国家的机器。

4.5.4 从理想国到乌托邦

有柏拉图这种理想的人其实还有很多，比如英国政治家兼哲学家托马斯·莫尔，他在1516年出版了一本书叫作《乌托邦》，意大利神学家托马索·康帕内拉在1602年写成了《太阳城》，英国作家威廉·莫里斯在1890年写了《乌有乡消息》，这些都是在描述他们心目中想象的乌托邦世界。

中国有没有呢？有，谁呢？康有为。他除了是政治人物以外，还是思想家，他写了一本书叫《大同书》。这个抱负和孔子如出一辙，因为康夫子也是儒家人物。他把大同世界描绘得很具体，主要有四个特点。

第一，他认为，必须废除国家，实行各个国家的大联合，把全球都变成一个大联邦，这样就不会有暴力了，因为一旦有国家，就会发生冲突，就会有兵祸和战争，所以要搞大联合。他甚至很幼稚地推动中日和邦。

第二，他认为所有人种都必须进化为白人，黑人“铁面银牙，斜颔若猪，直视若牛……望之生畏”“性情太恶、状貌太恶或有疾者，医者饮以断嗣之药以绝其种”。黑人进化成白人耗时太长，千年都不够，怎么办？进行化学阉割。

第三，他认为孩子生下来就要跟父母断绝关系，不断绝关系不足以彻底地毁灭家庭。家庭是私念之源，私有观念的根源在儿女的心中，孩子和父母分开了，相互不认识，谁也不挂念谁，大家都一心为公，没有私心杂念。

第四，康有为的观点竟然和柏拉图很相近，认为要剥夺私产，有私产就会有私心。更有意思的是，他还建议，无论男女，都要把身上的毛全部刮干净，只留下鼻毛。他认为，其他的毛都是没有进化好的表现，还没有脱离动物状态。

时至今日，从柏拉图的理想国到《乌托邦》到《大同书》，人们对乌托邦还有幻想，这是人们逃避现实的一种迷幻，这种迷幻如果不能被根除，可能还会有悲剧产生。

人作为世俗的物种，不可能纯净得一尘不染，所有人也不可能整齐划一，统一思想、统一言行、统一举止、统一意志是不可能实现的。在经济上绝对平等，每个人任劳任怨，只奉献而不索取，完全服从组织、集体的利益，这样的人可以个别存在，可以大公无私，但是，要求一个物种这样是不现实的。所以，从理想国到乌托邦，都是人类的一种病态表现，是逃避现实的病。

4.6 由人而神的耶稣基督

4.6.1 后世对耶稣的评价

提起耶稣，可以说无人不知、无人不晓，因为耶稣跟我们的生活关联太密切了。我们现在的纪元公元制就是以耶稣的诞辰为标志的，还有全球都在流行的休假制度，每周有一天要休息，就是礼拜日，又称为礼拜天，礼拜天就是为了纪念耶稣基督复活的，又称为“主日”和“复活日”，所以耶稣离我们很遥远，但却与我们的生活密切相关。

历史学家汤恩比说耶稣基督是最崇高之道德目标，是至圣至善的超人。为什么耶稣得到这么高的评价？这要从耶稣的出生讲起。耶稣生活在公元前 4 年到公元 30 年，当然有的记录是公元 4 年到公元 33 年，常常被称为拿撒勒人耶稣，因为他是拿撒勒那个地方的人。其实耶稣还有很多头衔，比如以马内利——意思就是“上帝与我们同在”，还有神的儿子、人子、大祭司、君王、万王之王、万主之主、大卫的儿子，等等，都是从不同的角度来赞美耶稣基督的，表现了人们对他的崇敬之心。

4.6.2 耶稣的诞生

拿撒勒人耶稣其实并不是生在拿撒勒，而是生在伯利恒。因为当时的罗马皇帝奥古斯都下令对全国进行人口普查，而耶稣的父母约瑟和玛利亚按照罗马教皇的命令，必须回到他们的籍贯大卫城。大卫城就是伯利恒，所以他们要回到伯利恒去申报户口。走到伯利恒的时候，城市的店已经住满了，没有地方住，他们只好在一个马厩里面过夜。当天晚上玛利亚就生下了一个孩子，这个孩子被用布包着，没有地方放，只好放在马槽里，所以马槽就成了耶稣基督的摇篮。盛放耶稣基督的马槽是很普通的石槽。

关于耶稣的父母，《圣经》上有这么一段记载，他的父亲叫约瑟，约瑟的未婚妻叫玛利亚。玛利亚还没有成婚，结果从圣灵怀了孕。她的丈夫约瑟是一个很好的人，但是眼见妻子不明不白地怀孕了，他心里很不高兴，就想偷偷地把她休掉。正当他有这个念头的时候，耶和华（就是上帝）的使者在梦中说：“大卫的子孙约瑟，不要怕，只管娶过来你的妻子玛利亚，因为她所怀的孕，是从圣灵来的。她将要生一个儿子，你要给他起名叫耶稣，因他要将自己的百姓从罪恶中救出来。”所以约瑟和玛利亚成婚了，就有了后来马槽诞生这个故事。

4.6.3 耶稣的自我牺牲

为什么耶稣能成就自己，得到万民的崇拜，现在全球有几十亿人，2000 年过去了，有 20 亿人是基督徒。这个木匠的儿子，没有学历，没有金钱，没有势力，却征服了一代又一代的人，他的魅力就在于全身心的奉献。

耶稣长期生活在社会最底层，为社会最底层提供医疗服务。历史上没有记载耶稣基督到底从哪儿学的医术，后来有人说他是从印度学的瑜伽，但无从考证。但是他确实懂得医术，不仅懂得用药物来治疗，还会心理学知识，他应该是最早的心理医生。关于这方面的纪录片、电影、文学著作以及《新约》里都有很精彩的描述。例如，一个即将死去的人，经过耶稣治疗后竟然健康如初。正是因为这一点，耶稣基督得到了许多人的拥戴，他的人格魅力感化了许多人。

从这个角度来看，耶稣、老子、孔子、乔达摩·悉达多（也就是释迦牟尼）等宗教领袖，其实都是真实的历史人物。这些历史人物为什么被后人所敬仰，其思想被后人所传颂？因为他们的言行符合时代的发展，合乎天意，按照中国的老话说，就是具备天时、地利、人和，顺应了自然。

人类有一种普遍的心理，喜欢对自己喜爱的人进行神化，从有限到无限，慢慢地，一些人就变成了神——由人而神。

耶稣基督为什么会由人而神？因为他确实有常人所不具备的人格魅力，他的人格魅力是宽恕和爱。

耶稣当时被钉在十字架上，刽子手对他行凶，旁观的人们讥笑他说，他要真是神的儿子，就从十字架上下来。耶稣祷告说："父啊，赦免他们，因为他们所做的他们不晓得。"意思是说，父啊，你不要惩罚他们，因为他们所做的这些恶事，他们并不晓得是恶事，因为他没有得到教诲，所以分不清善恶。

耶稣无罪而问死。其实他是可以逃跑的，他被钉在十字架上是因为他爱世人，要为世人赎罪。他要用他的死来唤醒大家，这种自我的牺牲是一种大爱。

正是因为有这样的思想，所以，耶稣死后，他的思想迅速得到传播，形成强大的宗教，就是基督教。

4.6.4 基督教的文明遗产

基督与基督教为人类的文明贡献了哪些文化和精神遗产呢？笔者想，以下这几个方面足可以表现：

在哲学领域，基督教奠定了西方哲学思辨的传统。

在法学领域，基督教的改革催生了现代的罗马法精神，这是信仰进一步理性化和世俗化的产物。

在教育领域，很多大学都是基督徒捐钱建立的神学院，为了纪念耶稣基督，所以开启了建世界大学这样一个先河。

在文学领域，中世纪的很多文学作品都是反映和赞美耶稣基督的。

在音乐领域，基督教表现的是神的爱，爱在人神之间形成了一种情感交流，用音乐来传达。音乐可以把这种爱表达得淋漓尽致。所以，在教堂里往往会听到赞美诗，让人流连忘返，如醉如痴，这就是音乐的力量。

在建筑领域，西方哪个城市没有教堂？各种建筑流派的作品都是美轮美奂的，这也形成了强大的思想神庙，拥有强大的艺术魅力。这些艺术魅力本身是表达对基督的崇敬，但却给人类留下了丰富的文化遗产。

当然，有利就有弊，基督教在这些领域虽然给人类带来了很多丰富的文化遗产，同时也带来一些负面的东西。比如文学方面，基督教教义束缚了人们的思想，整个中世纪是黑暗的千年，所以对任何事情都要客观地看。但总体来说，耶稣是一个伟大的人，耶稣的宽容与爱是人类过去、今天与未来都需要的精神力量。

5 信仰与宗教

5.1 原始的太阳神崇拜

5.1.1 太阳神崇拜的分布

太阳与人类关系密切，特别是在原始时期，太阳与整个人类的生存、繁衍都密不可分。一年四季更替需要太阳，农作物的生长要靠太阳，所有的衣食来源都要靠太阳。所以原始的初民认为，没有太阳，人类简直没法生存。人类最开始崇拜太阳是一种本能。

虽然人类社会初期太阳是受到崇拜的，甚至被推到了至高无上的位置，但是随着社会的发展，对太阳神的信仰逐步衰落，是什么原因造成的呢？要先从太阳神的简史说起。

古希腊文明是西方文明的源头活水，古希腊的太阳神是阿波罗或者赫利俄斯。古罗马也有太阳神，他的名字叫索尔。在波斯、印度神话里也有太阳神，名叫密特拉。在闪族语中，太阳神叫乌图。在巴比伦，太阳神叫沙马什，前面讲到《汉谟拉比法典》的时候，说到汉谟拉比的权杖就是由沙马什赐予的。在所有这些崇拜太阳神的文化里，太阳神都被推到了至高无上的地位。

在中国也有太阳神的崇拜，比如距今7000年前的河姆渡文化，在河姆渡文化的遗址上发现了刻有太阳纹的双鸟图形。在大汶口文化遗址里面也出现过上为太阳形、下为山形的日出的图形。在四川的三星堆文化里也发现有光轮、金杖等太阳神崇拜的象征。

在古代帝国里，对太阳神的崇拜最成体系的是古埃及、古印度、古希腊，还有玛雅文化、阿兹特克和印加文化。

现在世界上遗留的表现太阳神崇拜的遗址有哪些呢？秘鲁的马丘比丘、埃及的阿布辛贝勒神庙，还有印度的科纳拉克太阳神神庙、希腊的阿波罗神殿以及中国的日照天台山，那里都有太阳神崇拜的道场。下面要特别介绍一下阿兹特克文化中的太阳神。

阿兹特克文化中的太阳神叫托纳提乌，和其他文化中的太阳神不一样，他要通过吃人心来获得能量，如果不吃人心，太阳神就没有能力升起来照顾人类。所以阿兹特克人为了给太阳神托纳提乌提供鲜活的人心，战争是其中一个手段，通过战争抓获俘虏来祭祀太阳神。

在墨西哥的特奥蒂瓦坎有一个规模非常宏大的建筑群，其中最大的建筑就是金字塔，在金字塔前边有一条非常恐怖的死亡大道，也叫黄泉大道，绵延三公里。因为当时要抓很多俘虏进行祭祀，一排一排地排下来，排出数公里，俘虏的心被挖出来祭祀太阳神，场景非常恐怖。与阿兹特克文化相近的美洲玛雅文明也有对太阳神的祭祀，在有关玛雅的科考里，曾经在一次考古中发现了 13600 颗人头。当时为庆祝特偌提兰大金字塔落成，在四天的祭祀中，就有 360000 人被杀！这就是著名的玛雅人祭之谜。

5.1.2 太阳神崇拜的衰落过程

太阳神崇拜的衰落最早出现在中国，中国曾经出现过后羿射日，说明太阳在中国的神话里，在信仰里，已经衰落了。

在中国人的心目中，太阳的严酷、威严远远胜过它应该具备的那种慈祥和亲切。甚至在中国的文化里，太阳还不如月亮的地位高。我国古代有很多诗歌，咏诵的都是春江花月夜、明月几时有、千江有水千江月，都是在赞美月亮，而赞美太阳的诗比较少，因为中国日神信仰发展历程与政治发展轨迹一致，至周朝时，中国的太阳崇拜已然衰落。

在两河流域，随着帝国的兴衰，对太阳神的崇拜也开始逐步衰亡，到最后消失了。在古希腊，太阳神赫利俄斯和阿波罗的地位也是不断衰竭的，两者后来变成很边缘的神，再后来他们的崇拜只在民间，官方不怎么崇拜他们了。罗马帝国一开始也信奉太阳神，后来因为被外来民族走马灯似地不断入侵，西罗马很快灭亡，太阳神的位置逐步衰退，到最后在古罗马、古希腊只有文学价值，没有任何宗教意义。所以，太阳神崇拜在罗马也是昙花一现，其实都跟政治有关系。

太阳神崇拜在什么时候彻底终结的呢？基督教兴起的时候。到了中世纪，整个中亚和北非地区兴起伊斯兰教，这种新月文明很快取代了太阳崇拜。刚才说到中国崇拜月亮，月亮柔和、光洁、亲切，有一种朦胧的美。伊斯兰教也是崇拜新月的。而基督教传遍整个美洲大陆时，印加帝国的太阳神崇拜也就彻底地消失了。

5.1.3 太阳神崇拜衰落的原因

太阳神崇拜为什么慢慢衰落呢？笔者认为，这出于以下几个原因。

首先，太阳神崇拜是人类对自然的信仰，因为人类对自然知识认知的缺乏，所以感觉到太阳了不起。但是，随着人类对自然的认知不断增加、深入，对太阳的认识越来越多，对它的崇拜也就越来越少，自然而然就慢慢消失了。从人类的信仰史来看，人类一开始原始的图腾崇拜，对自然的崇拜、祖先的崇拜、灵魂不灭的崇拜，都是人类在蒙昧时期形成的，其中很多都随着人类的进化、观念的更新，慢慢地被其他东西取代了。人的思维越来越抽象，而对具象的太阳神这样低层次的神不再信仰。

其次，一旦系统的宗教产生，太阳神崇拜也就衰落了。太阳神本身是一种原始的图腾，它没有非常成型的教义、严谨的理论，甚至连完善的教会组织机构都没有。虽然官方也认同、扶持太阳神崇拜，但是没有很严整的教会组织，这就使太阳神崇拜局限在一定区域、一个部落、一个国家，它很难跨越国界，难以使更多的人形成一个统一的认识。所以，一旦这个国家灭亡了，其信仰也就自然而然消失了。从埃及太阳神崇拜的兴衰就可以看出来，它的兴是因为政治，衰也是因为政治；兴是因为战争，衰也是因为战争，这就决定了这种崇拜不可能超越战争、超越政治而永恒存在。

总之，太阳神崇拜不是真正的信仰，没有完整的神学体系，所以其衰亡是必然的。

5.2 萨满教的没落与新的宗教版图

5.2.1 萨满教的产生与特点

原始图腾是始于史前的宗教，遍及全世界。原始图腾在人类文明史上是早期出现的宗教的共同现象，不是指某一个特定宗教，不管是爱琴文化、玛雅文明，还是两河流域文明、印度河和恒河流域文明，或者长江、黄河流域的中华文明，都出现过原始图腾。其中就包括东北亚的萨满教，没有特定的教义，没有特定的教条，没有特定的信仰体系，不同的地方根据其自身的环境、文化、人的喜好，形成了不同的特质和特点。在这里，人类的原始图腾统一称为萨满文化或萨满教，所以萨满教是一个共称，指人类原始宗教。

虽然到处都传播萨满教，但是有的地方萨满教比较兴盛，崇拜比较严重，而有的地方崇拜比较淡。在中国的商朝，萨满教已经衰落，到周朝的时候已经有非常成熟的理性文化呈现。

萨满教最为兴盛的两个地区：一个是北欧一些地区，如芬兰；另一个是北亚一些地区，如伏尔加河流域，我国东北地区满族、蒙古族等少数民族。

几乎所有地区的萨满教都把这个世界分为上、中、下三层：上层由神仙居住；中层是人和动物繁衍生息之地；下层是鬼魂寄居之地。人生活在鬼魂和天堂之间，既受到众神的护佑，又经常有鬼怪作祟。

萨满教的信仰特点就是崇拜动物，崇拜大自然，崇拜祖先，相信万物有灵。崇拜萨满教的人见到河拜河神，见到树拜树神，见到太阳拜太阳神，见到月亮拜月亮神，这是萨满教的一个基本特征。

各地的萨满教因为各个地方文化不同，存在时间有长有短。

5.2.2 蒙古族的萨满文化

蒙古族的萨满文化历史悠久，在蒙古族的萨满教里，最高的神叫长生天。古代萨满教在某一民族建国的时候对国家的作用非常大，因为解决了君权神授的问题。这和汉族与西方的君权神授是一样的，只不过名号不同，有的叫上帝，有的叫皇天，有的叫上天，萨满教里叫长生天。

长生天给了铁木真一个尊号，这个尊号叫成吉思汗，就是赖长生天之力而成为大汗者，而且是永恒的。长生天任命成吉思汗为人世间唯一的可汗，那就意味着他可以对全世界进行征服，这一理论使铁木真及他的子孙、他的家族乃至整个民族开始了对整个世界的征服。这是萨满教当时对整个蒙古帝国、蒙古族所作出的贡献。

当然，为铁木真想出这个主意的人是萨满教的大师，也叫通天大巫师阔阔出。那么，问题来了，萨满教是原始的宗教，没有提出一个非常严谨的理论体系，没有严谨的理论自洽，所以有时候相互矛盾，神职之间相互打架，这就造成了它的中央集权的权威性不足。特别是在蒙古帝国征服亚洲、欧洲这些高度文明的地方以后就表现得更明显了。它征服了南宋，当时南宋的儒家文化已经非常成熟、非常繁荣，那是一个高端的文明，而长生天文化在中华文明体系里显得太落后了。到了中亚，伊斯兰文化也非常强盛，穆罕默德创造的体系从理论到架构都要比萨满文化高妙得多。到欧洲更不用说，上帝已经稳固地统领欧洲大地一千多年了。面对高端文明的时候，铁木真感到力不从心，所以他决定对萨满教进行改革。改革首先对大巫师出手，因为阔阔出这个人反复无常，屡次背叛，所以处死了他，但是改革没有完成，因为他留在世间的时间太短了。这个历史使命交给了他的孙子忽必烈。忽必烈当时引入了一个人，这个人就是藏传佛教的一代大师八思巴。八思巴把藏传佛教严谨的体系和信仰整个移到草原民族，草原贵族被这恢宏的体系征服了。就这样，萨满教在藏传佛教的冲击之下，体无完肤，溃不成军，退出了当时的贵族事务和国家政权体系，到了偏远地区成为乡村牧民们的一种信仰，而宗教的功能越来越弱。

元朝灭亡后，明朝时期萨满教在蒙古草原曾经回光返照过一段时间，但最终还是让位给了藏传佛教。而铁木真的子孙们在征服西亚、中亚的时候，因为当地信奉伊斯兰教，他们就入乡随俗地接受了伊斯兰教，所以萨满教无论是在东北亚或者中亚，乃至西亚，最终都没有站住脚，而是退出了历史的舞台。

5.2.3 宗教的理性特点

萨满教的衰败反映了历史的进步。文明的发展需要更加成熟的宗教来解决人类终极的困惑与关怀。虽然宗教是因为政治而兴，因为政治而衰，但是宗教信仰本身是一种社会需求，是由懵懂走向理性，理性是宗教的一个特点。

宗教信仰不就是崇拜吗？还需要理性吗？崇拜和盲目崇拜是两个完全不同的概念，正是因为人生活的不确定性，所以需要一种理性的生活方式，追求理性的生活在很大程度上是宗教给人类的最重要的关怀。当然，这种关怀实际上是无法实现的，甚至是无法验证的。比如，某宗教说人死后能进入天堂，谁能证明是进了天堂还是没有进天堂？这就是宗教的魅力所在，它给你希望，但是你又无法进行验证。一旦宗教能被验证，这门宗教就不存在了，没有了存在的价值。

目前最有价值、可以信赖的数据来自盖洛普国际调查联盟，2014 年调查表明，全球信教人口比例为 60%。[1] 这说明宗教信仰是一种现实的需求。因为人类的知识是有限的，而世界是无限的，面对无限的未来、无限的世界，这一落差必须要有一个理论进行解释，而这个理论不能是科学的，因为如果是科学能解释的，那就不叫落差。所以能够解释这一落差的就是神学，这就造成了宗教成长、生存的空间永远存在。

宗教给人类提供在未知方面一个很安全的保障，那就是未来是可期的，它减少了人们面对不确定性的恐慌、恐惧，通过对神的崇拜，把未来交给神，实现了内在的自我解脱，也疏解了压力。所以，宗教是什么？其实宗教是人创造的，而不是宗教创造了人。

---

[1] 加润国. 全球信教人口有多少［N］. 中国民族报，2015-5-26，9（007）.

宗教也是一种市场需求、一种经济行为。人类各种资源的分配，第一次是按照市场分配的，原则是效率第一；第二次是由政府进行分配，原则是效率与公平相结合。因为财政收入总是有限的，所以政府不可能把公平做得非常彻底，这就造成了社会上对资源的需求得不到满足。这个空白就由宗教通过慈善来弥补。所以慈善对于社会稳定、对于社会秩序的建设，是非常重要的。

5.2.4 世界宗教版图

既然是必需品，宗教就有了消费市场或是信仰市场，信仰市场就是今天所讲的宗教的版图。宗教的版图按照理性的成熟度进行分配。

东方人提出人神之间的相互成全，东方神的特点是神可以由人而来。比如，佛教认为，人是觉悟的，佛是觉悟的，人是未来的佛，所以佛教给人们一个光明的前景，人只要努力就可以成佛，成就三藐三菩提，修得正等正觉。

西方的人与神是截然分开的，人不可能成为神，人也不需要成神，但是需要有一个美好的未来，美好的未来在天堂，人可以通过信仰获得去往天堂的单程票，这种单程票给谁是由神来判断的，依据就是人在世间的所作所为。

所以，根据人与神的关系这两大体系，就形成了世界性宗教大版图，这个版图分为三大领域：基督教、伊斯兰教、佛教。基督教又分为东正教、罗马教、新教等不同教派，而伊斯兰教也分为逊尼派和什叶派等派别，佛教则分为大乘和小乘，这就是理性宗教的版图，这个版图是人类社会发展的必然结果。

5.3 宗教的对比、冲突与未来

5.3.1 宗教的发展概况

人类从茹毛饮血的时代繁衍到现在，经历过两个完整的宗教时期。一个是原始时期，那时人们相信万物有灵，原始宗教因为自身的理论体系存在问题，逻辑不严谨，所以，随着社会的发展，人类对自然的认识越来越丰富，原始宗教教义的瑕疵就显露出来了，它必然被一种能够进行终极心灵关怀、理论能够自洽、能够给人提供充分而强大的思想基础的理性宗教所取代。

“理性的宗教”是笔者给出的概念，其教义完整，传播体系成熟，组织健全，终极关怀比较彻底。

当今世界三大宗教基本上都是理性的宗教。按照产生顺序来说，佛教产生于公元前5世纪前后，基督教产生于公元1世纪，伊斯兰教产生于公元7世纪，这三大宗教是当今世界宗教的主流。把这三大宗教的关系解释清楚、教义区分清楚，也就自然而然地清晰了解了世界宗教的脉络。这里主要讲基督教和伊斯兰教。

5.3.2 基督教的形成与发展

要讲基督教必然要讲犹太教，基督教是犹太教的一个分支，基督教脱胎于犹太教。

犹太教产生于今天的巴勒斯坦和小亚细亚地区的一个氏族部落。犹太民族遭受了很多的苦难，经过了2000多年，他们依然在漂泊，好不容易建了一个国家，就是今天的以色列。

其实当年的犹太人与今天非常相近，他们对民族、对人生充满了忧患，为了获得活下去的勇气和信心，自然而然地就把这种情感寄托给了神，就是上帝。上帝派弥塞亚来拯救这个民族。而这个时候耶稣基督出现了，他说，弥塞亚已经到来，他自己就是弥塞亚。犹太人非常恼火，就把这件事告诉罗马统治者，罗马人就把耶稣钉死在了十字架上。现在说法是耶稣是为了替世人赎罪而被钉死在十字架上，但却成就了基督教，他的门徒在世界各地传播耶稣基督的教义，基督教慢慢形成了完整的体系。

基督教和犹太教的区别在于犹太人认为上帝是唯一的神，基督教认为上帝不是唯一的神，他是三位一体的神，也就是圣父、圣灵和圣子于一体，基督耶稣是道成肉身。

随着时间的推移，犹太教依然保留着氏族的特征，认为弥塞亚将来是要解救人类的，但首先解救的是犹太人。而基督教认为，既然上帝慈悲，就应当解救世界。所以，基督教认为上帝拯救的是全人类，只要信仰耶稣基督，就能被拯救。

基督教和新教的区别又是什么呢？新教是基督教的改革派，原来的基督教变成了天主教和东正教，为了区别，就把基督教分为新、旧两教，旧的基督教称为天主教和东正教，新的基督教称为新教。

它们的区别其实很简单，天主教认为人和上帝之间必须有一个媒体、有一个桥梁、有一个中介，因为上帝不愿意跟人直接沟通，要通过中介。这个中介组织就是教会，牧师是教会的代表，所以只能是教会或者牧师对《圣经》进行解读，个人是不可以的。

新教认为这个观点是错误的，既然上帝爱世人，就没有差别，凭什么只能通过教会和牧师来解释？只要因信称义，只要对上帝有信心，一定会得到上帝的祝福。人可以跟上帝直接交流，不需要教会、牧师，只要凭着自己的信心和良心，还有圣灵的感动，就能够与上帝进行沟通，所以这就是基督教和天主教的核心不同。

5.3.3 伊斯兰教的形成与发展

伊斯兰教的创始人是穆罕默德，他把犹太教、基督教教义的精华，结合阿拉伯民族原始的宗教和他们的文化，形成了一个新的宗教。这个新宗教的特点最主要有两部分：一个是理论，一个是实践。

理论部分是六大信仰：信安拉，信穆罕默德是主的使者，信经典，信先知，信末日，信前定，这就是六大信仰。而实践部分最主要包括五项宗教的基本功课，包括：念功、礼拜功、课功、斋功、朝功。五功互为因果，相辅相成，构成一个系统完整的伊斯兰教的功修制度。

伊斯兰教又分为两大派系：一个是逊尼派，一个是什叶派。公元632年，穆罕默德去世，没留下遗嘱，不知道谁成为新一代的哈里发。这时候产生了分歧，一部分人认为应该公选威望最高、资历最深、最能够代表信众的人成为下任的哈里发，这个观点得到广大信众的认可，这些大众派就称为逊尼派。

而另一部分人认为不对，哈里发应当是穆罕默德的血脉才行，也就是穆罕默德的堂弟，也是他的女婿阿里，他是合理合法的继承人。这一派认为应当由穆罕默德的后裔来继承，这一派是少数派，就称为什叶派。

两大派系的根本区别就在于是不是信奉伊玛目。在继承人的问题上，逊尼派认为四大哈里发以及后来的伍麦叶王朝、阿巴斯王朝以及奥斯曼帝国土耳其的哈里发都是合法的，在当时的历史时期他们都肩负了宗教领袖的历史使命和担当。什叶派认为这都是错的，因为他们都不是穆罕默德合法的继承人，所以他们都是非法的，应当承认伊玛目，尊崇伊玛目。

所以，同样一个安拉，同样一个宗教，因为教义理解的偏差，就形成了今天逊尼派和什叶派的纷争，就造成了国家与国家关系的危机，甚至是动荡和战争。

5.3.4 宗教的启示与未来

通过对萨满教、佛教、基督教和伊斯兰教教义的简单比较，我们可以得出这样一个初步启示：宗教由原来以崇拜为中心逐步变成今天以及未来的以道德为中心。

宗教作为一种文化现象，对于满足人类社会的精神需求提供了非常强势、无法替代的特殊功能，而这种功能因为人类社会的发展而发生了变化，由崇拜为中心变成今天以道德为中心。

可以看出，从蛮荒时代的原始宗教到今天理性的宗教，宗教信仰是不断发展、创新和融合的过程，特别是今天全球化进一步推动宗教的融合，所以笔者认为，未来的宗教冲突不是越来越多，会越来越少。

5.4 佛教在印度的兴起与衰落

5.4.1 佛教对婆罗门教的革命

佛教与婆罗门教在本质上是不同的。婆罗门教认为人生而不平等，分为婆罗门、刹帝利、吠舍、首陀罗、贱民这样的种姓阶层。而佛陀认为人生而平等，每一个人都可以成佛。

而且佛陀认为，所有的生命都是平等的。他认为，牛马等动物要是修行，也都能够成就佛道。所以，在佛典里面，有很多动物得道的故事，如老虎听了佛陀说法，就皈依佛陀门下，从此不吃人了。这说明佛陀是一个革命者，强调众生平等，反对种姓制度。

此外，佛陀认为，人的修行不一定要等来生，只要今生修行，今生就能够成道。成道的关键在于能不能悟出人生的道理。所以，佛陀认为，众生皆有如来德相，只要去修行，就可以今生了道，就不必等到来生再报。

所以，从这个角度来说，佛教是对婆罗门教的彻底革命。对于当时的印度社会来说，释迦牟尼是一个革命派、青年学者，对整个传统的婆罗门教发出了巨大的挑战，而且挑战成功了，因为底层社会人数太多了。这些人开始信奉佛教，最典型的例子就是佛陀的一个弟子，叫优波离。这个人原来是王宫里的剃头匠，种姓很低，但是佛陀为了证明众生平等，首先给优波离剃度，让他成为大弟子。这不仅践行了众生平等，还证明了在佛家的面前没有地位高下之别，大家同是修行人。

5.4.2 佛教在印度的衰落

佛教兴起之后，逐渐在印度地区开始传播，特别是到了公元前 3 世纪的时候，孔雀帝国的阿育王大力支持佛教，使得佛教在社会各阶层中广泛传播，同时也开始向印度以外的地区传播，随着佛教的发展和影响力的不断增强，很多国家都把佛教当成国教，所以佛教对世俗权力的影响也就越来越大。

佛教在发展传播过程中也逐渐出现了派别之分，自公元前 4 世纪前后，佛教僧团因传承和见解不同，内部分裂，各派系之间的斗争越来越激烈，僧侣之间分歧日益严重，为了消弭分歧，统一思想，在佛陀逝世之后，佛教有过三次结集，但是仍然没有解决佛教的分裂问题。早期佛教分为上座部和大众部，此后佛教不断分化，到了约公元 1 世纪，形成了“大乘”和“小乘”（“小乘”是大乘佛教对早期佛教、部派佛教的贬称，其自称为

"上座部佛教"）两个佛教体系。大乘佛教对世俗生活的干预较多，主张深入众生，救度众生，强化佛的崇拜，把佛由人变为神，目前主要流传于我国以及朝鲜、日本；小乘佛教则坚持恪守原始佛教教义，主张自我的完善和解脱，目前主要流传于泰国、缅甸、斯里兰卡等地。佛教在发展过程中出现了诸多派别，比如，中国佛教宗派之一的唯识宗，由玄奘法师创立，源于古印度大乘佛教的瑜伽行派，主张万法唯识。讲个人的四维修，讲阿赖耶识，比如：心不相应行法指与心色二法不相应的法，又称为"非色非心法"。再比如："转识成智"就是转舍有漏之八识，转得无漏之四智。八识与四智的相应关系是：转前五识为成所作智，转第六识意识为妙观察智，转第七识末那识为平等性智，转第八识阿赖耶识为大圆镜智。讲着讲着就让普通人听不懂了。此外，还有天台宗、华严宗、禅宗等。藏传佛教还分为宁玛派、萨迦派、噶举派、格鲁派等。

到了公元8世纪，佛教已经有点式微了。这时候，在婆罗门教内部出现了一个伟大的圣贤，也是经验学派的哲学家。这个人叫商羯罗，商羯罗对婆罗门教进行了全新的研究，也吸收了佛教和当时的耆那教的一些教义。比如，佛教中的因果观点、修行观点都是很有价值的，但他发现佛教的理论有不足的地方，他找到佛教教义的漏洞加以批判。很快，有人去公开批判佛教，而且批判得有理有据有节，佛教的大学僧们去跟商羯罗辩论，结果全都铩羽而归。

这一下人们看到佛教的理论体系不是那么完善的，当时更多人不信佛教了，重新改信新的婆罗门教，也就是今天我们所说的印度教。

5.4.3 伊斯兰教对佛教信仰的冲击

当然，仅有商羯罗等人还不至于让佛教在印度彻底消失，还有一个更重要的原因，那就是穆斯林文化的兴起。从7世纪中叶开始，阿拉伯帝国开始在全球展开征服之路。8世纪，阿拉伯人占领了印度西北的信德，伊斯兰教开始逐步向印度渗透。

伊斯兰文化真正对印度形成重大冲击是在11世纪，中亚的突厥人建立的伽色尼王朝军队多次远征印度。这个王朝后来被位于今阿富汗的廓尔王朝吞并，廓尔王朝留在印度的总督在北印度地区建立了纯正的穆斯林政权，定都德里。自此，先后有五个穆斯林王朝统治过印度北部。

到了1526年，自称为蒙古人的巴卑尔领兵从中亚进入印度，占领了德里，并自封为印度斯坦的皇帝。蒙古人原来信奉萨满教，长生天是他们的神。但是在向中亚开疆扩土的过程中，他们开始接受中亚的伊斯兰文化。所以，到了16世纪，这部分蒙古人主要信奉的不再是长生天和萨满教，而是伊斯兰教。巴卑尔从中亚进入印度的时候，信奉的也是伊斯兰教。他们还把阿富汗人的势力彻底击溃，建立了一个新的王朝，就是著名的莫卧儿王朝。莫卧儿王朝就是蒙古人的帝国。只不过此时的蒙古人是突厥化的蒙古人，是信奉伊斯兰教的蒙古人。蒙古人将伊斯兰教传入印度，彻底摧毁了佛教的势力。这是因为：第一，当时佛教已经招致民众的反感；第二，佛教的教义又被商羯罗等人批判得体无完肤；第三，伊斯兰教反对偶像崇拜，而当时佛教到处都是佛陀雕像。所以，佛教就彻底地在印度消亡了。

虽然现在印度还有1%左右的人口信奉佛教，但这是一百年之内的事情。一百年前佛教从斯里兰卡又回传到印度大陆，开始有人信奉，但是人数很少。印度宗教主体依然是印度教和伊斯兰教这两大教。

5.5 基督教从惨遭百年迫害到成为国教

5.5.1 基督教与罗马冲突的原因

在将近2000年前，当耶稣基督被罗马帝国派驻犹太行省的总督钉死在十字架上的时候，对于他的十二个门徒来说，这一切都完了，因为他们看到了耶稣的命运，他们为自己的命运感到担忧，准备四处逃窜，没想到后来耶稣基督复活了。耶稣受难和复活的全部意义，使他的门徒的生命得到了根本改变，他们看到耶稣复活，就坚信耶稣基督是救世主，就是弥塞亚，从此他们振作精神，毫无畏惧地要把福音、把耶稣的精神从耶路撒冷传播出去，传到世界各地。

这个时代称为使徒时代，使徒时代持续了70年，大约从公元30年到公元100年。这70年又分两个阶段。其中第一个阶段是从耶稣基督被钉在十字架上到公元64年。这34年里，罗马帝国的皇帝并没有对基督徒展开大规模的迫害，原因很简单：第一，基督徒还没有形成规模，人数很少，对社会没有产生什么真正的影响；第二，罗马本身也是多神教国家，多信一个基督也无所谓，环境还是比较宽松的。

但是，到了公元64年，罗马帝国的皇帝尼禄执政，开始大规模迫害基督徒，原因最主要是两个方面：

第一，罗马人信仰多神。罗马的多神信仰不是没有缘由的，因为它在很大程度上继承了古希腊文化，古希腊文化的特点就是多神信仰，美有美神阿弗洛狄忒斯，太阳有太阳神阿波罗，火有火神赫菲斯托斯。他们相信万世万物都有灵，万物有灵就有万物的神，有不计其数的神。但是现在耶稣基督的门徒来了，他们说世界上只有一个神，这个神就是上帝，因为在《圣经》里有这么一句话——“除了我之外不可有别的神”，这句话让罗马人很不高兴。当时基督教本身就是一个弱势群体，受罗马管辖、被罗马征服。但是现在基督徒说信多神不对、信上帝才对，罗马人的自尊心就受不了。

第二，基督徒和罗马的冲突不仅在于信仰方面，世俗的部分也不同。罗马的皇帝、贵族奢侈腐化，他们管理着一个偌大的帝国，地中海都变成了罗马的内湖，帝国版图跨亚、非、欧三洲，来自世界各地的财富、金银珠宝、美女源源不断地送到罗马。所以，罗马的皇帝、贵族穷奢极欲，极其堕落放荡。而且当时同性恋之风盛行，还有恋童的行为。这些行为在基督徒看来简直是犯罪，是要下地狱的罪。基督徒对自己的道德有非常高的标准和要求，要求建立作风非常严谨的国家和正当的家庭伦理关系，过着俭朴的生活。而罗马人或者说罗马统治阶层完全是在过放荡的生活。所以从信仰到生活到道德层面，基督徒与罗马帝国统治阶层都存在冲突，这种冲突终于导致了一场灾难，就是刚才提到的尼禄屠杀基督徒。

5.5.2 大迫害时期的基督徒生活

公元64年，罗马城发生了一场大火，这场大火整整烧了六天，把整个罗马城烧成了一片灰烬，从贵族到平民都流离失所，所以大家怨气都很大。这时候罗马皇帝尼禄说这是基督徒干的，所以那些无家可归、财富化为灰烬的人纷纷找基督徒算账，要处死他们。从这一天开始，基督徒的黑暗时代到来了。

对基督徒的迫害一直持续到公元 323 年，也就是说从 64 年到 323 年，对基督徒的大迫害达十次之多，这十次集中的迫害导致殉难人数达数百万之众。

正是因为尼禄的迫害，耶稣基督的两个圣徒即圣彼得和保罗都被处死了，特别是圣彼得，被头朝下钉在十字架上，因为圣彼得认为他不配和耶稣以一样的方式死，耶稣是头朝上被钉上十字架的，于是他请求倒钉在十字架上。为了纪念他，人们建了一座非常宏大的教堂，这就是今天梵蒂冈的圣彼得大教堂。

罗马政权除了迫害耶稣的圣徒，对其他的基督徒也没有客气，采取了极其残忍的手段。比如，罗马人喜欢看斗兽表演，斗兽表演并不是两个兽斗，而是野兽与奴隶斗。他们看到奴隶把野兽杀死或者野兽把人咬死吃掉的血腥场面，就会特别开心。公元 284 年的一天，在小亚细亚的一个城镇，斗兽场里放了很多大笼子，笼子里面关的是饥肠辘辘的狮子，被困在它们旁边的不是身体彪悍的角斗士，而是骨瘦如柴的基督教信徒。

罗马的审判官问："你信耶稣基督吗?"一个教徒毫无畏惧地说："我信我主耶稣。"话音没落就直接被扔到笼子里，顷刻之间血肉模糊，骨肉无存。罗马的审判官又问第二个基督徒，第二个基督徒依然面不改色地说"我信我主耶稣"，顷刻之间又被扔到笼子里，变成几块骨头。就这样，基督徒被一个一个地扔进笼子，但是他们中没有一个面现惧色。这种残忍的迫害没有阻止基督徒对信仰的坚持。

在土耳其的卡帕多西亚有两个地方：一个是凯马克勒地下城，另一个是格雷梅露天博物馆。这两个地方都是基督徒在落难时创造的地下奇迹，其中凯马克勒城是一座深藏在地下 40 米的城市，高达八层，里面纵横阡陌、相互勾连，各种生活设施一应俱全，最关键的是设有教堂，还很宏大。这个城市能同时容纳 3000 人。

当时是什么人住在这里呢？是受迫害的基督徒。他们住在里面，生活需求怎么解决？吃什么度日？他们白天在地面耕种，等植物成熟的时候，在夜深人静的时候收割，放到洞里面加工，日积月累，那里形成了一座地下城市，几十代人上百年生活在地下。

而格雷梅露天博物馆是在自然地貌的基础上修建起来的建筑群。当时基督徒将群山之间的一个个山体挖空了，以挖空的山体做教堂，人们生活条件非常差，但是把教堂建得美轮美奂。

在这个教堂群里，有几座比较大的，像苹果教堂、圣芭芭拉教堂、黑暗教堂。实际上群山之间有三十多座石窟教堂，那就说明起码有几万甚至几十万人长期生活在这种几乎与世隔绝的地方，坚守着他们的信仰。为了信仰，为了让灵魂找到家园，基督徒真的是舍生忘死。

5.5.3 成为罗马的国教

这一段历史反映了基督徒的虔诚和坚守，这是他们最黑暗的时代，见证他们黑暗的是卡帕多西亚的诸多地下城和石窟教堂。

这三百年间，罗马帝国的统治者几乎把所有的教堂都摧毁了，把所有的《圣经》都烧了，把所有信奉的神职人员逮捕，拷打至死，但是依然没有彻底地阻挡基督徒对耶稣基督的信仰。教堂被毁，不能公开聚会，基督徒就在家里、在田间地头、在矿区、在地下，聚在一起读《圣经》、唱赞美诗、祷告、做礼拜，没有恐惧，没有忧愁，有的就是喜乐。

这让罗马的统治阶层很震惊也很感动，其中很多人也开始悄悄地信奉基督教。当时罗马的一个司令官叫莫里斯，他就被基督徒这种气节和精神所感动，悄悄皈依了基督教。公元 286 年，罗马皇帝让他杀基督徒的时候，他拒绝了，结果他被杀害了。

罗马统治阶层信奉基督教的人不只有军队的司令，甚至罗马皇帝君士坦丁的母亲也皈依了基督教。君士坦丁的母亲海伦娜是一个很虔诚的基督徒。公元 312 年，马克兹尼篡权，君士坦丁要平叛，但是他没有必胜的把握，他因“梦的启示”而获胜，于是把战争的胜利归功于上帝保佑。君士坦丁的母亲海伦娜是基督徒，对他也产生了影响。

君士坦丁问他母亲是向哪个神祷告的，哪个神有这么大的力量，能让他平定叛乱？海伦娜回答说，她祷告的是上帝。这一点让君士坦丁对基督教产生了好感。第二年，君士坦丁大帝颁布了一道叫《米兰敕令》的法令，规定罗马帝国信仰自由，把没收的教堂和教会财产都还给基督徒。这一年，基督教终于合法化。

到了公元325年，基督教开始完全公开化活动，从地下走上了地面。到公元393年，罗马皇帝狄奥多西一世颁布了一道命令，废除所有旧的宗教，关闭世俗的神庙，禁止一切其他的异教活动，只有基督教是唯一合法的宗教。于是基督教正式成为罗马的国教。

5.5.4 信仰的力量

受到了将近三百年的迫害，基督徒靠什么来武装自己？拿着刀枪去以暴抗暴吗？不是，他们靠的是信念，看起来处处保守，在政治上保守，在地位上保守，面对残酷的迫害时往往不做任何反抗。基督徒正是用这种苦行与坚忍来死守阵地，坚持信仰，这是一种柔弱的力量，但是这种柔弱的力量战胜了暴力，最终获得胜利。

这一点也印证了中国道家的一个观点。老子在《道德经》里曾经写过这么一句话："人之生也柔弱，其死也坚强；草木之生也柔脆，其死也枯槁。故坚强者死之徒，柔弱者生之徒。是以兵强则灭，木强则折。强大处下，柔弱处上。"用一句话来讲，就是柔弱胜坚强。基督徒就是用他们柔弱的心理、柔软的力量战胜了暴力，最终使基督教合法化，甚至成为国教。

5.6 基督教的堕落与中世纪黑暗史

5.6.1 基督教造成的黑暗时代

首先需要建立一个概念：什么是中世纪。中世纪其实大致是指西罗马灭亡的公元476年到东罗马灭亡的1453年，将近一千年的历史，这个时期称为中世纪。

中世纪是欧洲封建制社会形成、发展的时期，也是三大宗教迅速传播的时期，欧洲的基督教文化在整个中世纪取得了万流归宗的地位，也就成了欧洲宗教的正统。

很遗憾，这个时期的欧洲没有强有力的政权，封建割据带来的战争非常频繁，这种频繁的战争造成了科技和生产力发展的停滞，人民生活几乎毫无希望，所以整个中世纪普遍被称为黑暗时代。

是什么造成了黑暗时代呢？基督教。这要先从基督教的另外一段历史，也就是基督教成为国教之后说起。

公元393年，罗马皇帝狄奥多西一世宣布基督教为罗马国教。在世俗权力的支持下，基督教的势力迅速膨胀、发展，遍布整个欧洲大地。然而这种胜利又导致教会迅速与世俗的力量相融合，开始世俗化，信仰的力量慢慢被弱化。

《圣经》本来是信徒行事的最高准则，但是罗马教皇规定，除了教会中的领袖以外，不准普通的信众读《圣经》，怕一般的信徒误解、滥用《圣经》。更可笑的是，他们还把《圣经》锁起来，这样神职人员就可以任意曲解《圣经》，以人的意志取代神的意志。而且他们宣传“教皇无误论”，就是教皇说什么都是对的，教皇是上帝的代言人，他讲的话不是他的话，是上帝的话，所以教皇断案也就是神断案。这就很荒唐了。

正是因为有这种权力，所以罗马的教廷开始垄断属灵的事务，也就是信仰层面的事务，慢慢地又开始把权力延伸到世俗的事务中。这个时期教会开始逐步从神的领地扩张到了世俗的领地，整个教会只关心世间的事，而忽略了精神的拯救。

在基督教教义中，上帝派他的儿子耶稣来到世间是拯救世人的，因为世人有罪。而这一时期教会关心的是怎么样在世间扩大权力，却忽略了它的本职工作，这种世俗化代替了永恒的追求，使教皇处在一个既管世俗又管精神的至高无上的地位，这种力量和权力使教皇产生一种幻觉，以为他就是上帝，上帝就是他。因为神是至高无上的、万能的，而神不会直接对人发号施令，要通过代言人教皇，所以教皇慢慢产生了这种错觉，因为人戏太深而不能自拔。教皇是上帝吗？不是。因为这种错觉造成精神的分裂、人格的分裂，这种分裂使教皇开始干涉很多世间的事务。

整个中世纪的一千年里，教皇干的大部分事都不利于文明发展，比如干涉世俗的王权，世俗的王权没有得到教皇的认可，皇帝的加冕就是没有法律效力的；还挑起十字军东征，教皇说圣城耶路撒冷被占领了，要信徒夺回圣城，于是发动了多次十字军东征，演变成人类的一场浩劫。

正是因为教皇有管辖世俗事务的权力，异端裁判，迫害和阻滞科学发展，医学也没有进步。在欧洲黑死病盛行期间，大量的人死掉，人口锐减，整个欧洲死气沉沉。

最关键的一点是，教皇还垄断知识教育，压制知识分子，不允许他们有任何新的思想，搞异端审判，把新思想者都处死、折磨死。

最糟糕的是，教皇为了敛财，还发明了赎罪券。教会非常腐化堕落，教皇挥金如土，寡廉鲜耻到了极致，没有钱了就去骗人，要信徒买赎罪券。他宣称，只要信徒把钱投到钱箱里，“叮当”的一瞬间，他的罪就被赦免了，死后能从地狱直接升到天堂。很多穷苦的人省吃俭用就是为了买赎罪券，还有很多妓女把卖身得的所有钱都买了赎罪券，因为这是进入天堂的门票！这是多大的骗局？很多人因为对地狱感到恐惧，所以穷其家财换来的却是这些废纸。

5. 6. 2 对思想的禁锢和对科学家的迫害

中世纪是黑暗的世纪，从对思想的禁锢和对科学家的迫害这一点就可以看出黑暗的程度。

自从公元 393 年基督教成为罗马帝国的国教，基督徒就从被迫害者变成了迫害者。时间、空间、地位都发生了变化，基督教由弱势群体变成了强势群体。宗教群体成为社会上层，他们敌视一切不合乎《圣经》的东西，新思想、新科学都是异端邪说。正是因为这种愚昧的思想，导致很多科学家和思想家遭受宗教审判，被迫害。宗教法庭审判是宗教裁判所的审判，这些科学家、思想家不是被判处火刑就是绞刑，布鲁诺、希帕蒂娅、塞尔维特等著名的先驱都被处死了。

哥白尼是波兰著名的天文学家，他提出“日心说”观点，否定了教会的权威，遭遇迫害和侮辱，《天体运行论》直到哥白尼临终方得以出版。而布鲁诺因为捍卫和发展了哥白尼的“日心说”而被投入监狱，最后在罗马的百花广场被活活烧死。伽利略发明了望远镜，捍卫科学的真理，把天体的一些知识告诉大家，结果以“反对教皇，宣传邪说”的罪名被判终身监禁。希帕蒂娅可能是历史上第一个为人所知的女数学家。她被人从车上拉下来，她的衣服全部被扒光，一丝不挂地被拖到教堂。一群野蛮的暴徒用尖锐的贝壳将她身上的肉一点点刮下来，最后把她手和脚都砍了，扔到火里面。人类残忍何致如此！简直不可思议！

宗教审判所相关文献表明，这一千年里处死的主张思想自由的人士和科学家有近 20 万人，这些人类的精英，被教皇活活处死。所以，欧洲在这一千年里是不可能实现科学进步的。

5.6.3 停滞不前的欧洲

由于教会对思想文化的禁锢，整个欧洲中世纪的科技几乎停滞，除了公元 9 世纪，欧洲发明过水轮机、风车之外，几乎没有什么重大的实际创造和发明。而这个时候欧洲人没有自我意识，认为人在上帝面前都是微不足道的。所以，时间在整个中世纪像凝固了一样。这一千年是欧洲最黑暗的一千年，几乎没有新东西出现。

从中世纪的黑暗可以看出，任何宗教势力都不可以掌管世俗事务，社会的权力必须交给世俗的政权，因为宗教一旦掌握了世俗的权力，政教合一，那就是绝对的权力，绝对的权力必然导致绝对的腐败。

为什么很多西方国家现在争着要政教分离？主要是基于这一点，绝对的权力带来绝对的腐败，真、善、美在绝对的权力面前会变成假、恶、丑。也正是因为这一千年的黑暗压得欧洲人喘不过气来，最先发出反抗呼声的也是不满于罗马教廷的腐败而提出宗教改革的主张，代表人物是马丁·路德和加尔文，两人都是神学学者出身。

5.7 基督教改革的影响

马丁·路德和加尔文的宗教改革是黑暗世纪和近代的分水岭，他们为资产阶级革命做了舆论上的准备，促使欧洲摆脱了腐朽没落的宗教和教会的束缚，向世界扩张。也正是因为宗教改革，基督教获得了新生，获得了全新发展的局面。

宗教改革对世俗的直接影响是在一定程度上冲击了欧洲封建制度。宗教改革集中反对罗马天主教会，摧毁了天主教会的精神独裁，进一步解放了人们的思想，是对同一时期进行的文艺复兴运动的实践和深化。文艺复兴后的西方世界充满活力，科学与技术发明不断加速发展，直至工业革命带来翻天覆地的变化，从此人类进入了一个新的时代，那就是工业文明时代。

任何事物发展到极致都会走向反面，由革命变成反革命，由先进变成先进阻碍者，这个时候必须进行改革，改革才能开启未来。

5.7.1 阿拉伯文化与伊斯兰教

阿拉伯文化是如何诞生的？伊斯兰教为什么能够成为世界三大宗教之一？伊斯兰教与其他宗教有什么区别？又是什么原因造成了中东地区今天的混乱？基督教和伊斯兰教两大宗教千年冲突的根源在哪里？伊斯兰文化与西方文明的矛盾为何不可调和？

阿拉伯文化的诞生地是地球上最大的半岛阿拉伯半岛。阿拉伯半岛位于亚州西南部，与非洲相连，地理位置非常重要，具有战略要冲的地缘优势。“阿拉伯”一词最早出现在公元前 9 世纪，其种族主要分布在西亚和北非的阿拉伯国家。据统计，居民现在将近 4 亿。

阿拉伯语是阿拉伯人的母语，属于闪米特语系中的一支。在阿拉伯国家，绝大多数的人信奉伊斯兰教，其中约 90% 的人信奉逊尼派，其余约 10% 的阿拉伯人信奉什叶派。当然也有一些国家和地区，比如黎巴嫩、叙利亚、巴勒斯坦、约旦的一些人信奉基督教。从事游牧的阿拉伯人又被称为贝都因人，贝都因人是荒漠上的游牧民族。

阿拉伯人其实是闪米特人的一支。闪米特人创造了人类璀璨的文明，最具代表性的当然是两河流域的文明。在这个地区有一个很有意思的现象：闪米特人，无论是犹太人、贝都因人还是亚述人，都信奉一神教，这个神都被称为上帝，只不过具体称谓不同。在犹太教和基督教里，唯一的神被称为上帝；在伊斯兰教里面，唯一的神则被称为安拉。犹太教、基督教和伊斯兰教这三个宗教都诞生在阿拉伯半岛，伊斯兰教发端于犹太教和基督教，基督教则发端于犹太教，所以三教之间是相互传承的关系。

在阿拉伯半岛，“国家”的概念不是特别明显，阿拉伯人对部族、部落的概念更加重视。直到今天，他们对国家的认同感都不是那么强烈，但是他们对自己部族的归属感很强。

其实阿拉伯半岛最早也信奉多神，比如自然崇拜。因为阿拉伯半岛比较热，所以白天活动很不方便，晚上则天气凉爽、明月高照。现在阿拉伯半岛很多国家的国旗上都有弯月，这说明他们对月亮情有独钟，他们认为月亮是清爽的、明亮的、明净的，所以他们也崇拜月亮神。

伊斯兰教是反对偶像崇拜的，但最初在阿拉伯半岛也有偶像崇拜，今天我们依然能够看到他们曾经的偶像崇拜，比如，在麦加的克尔白，现在还留有 360 尊各个氏族部落崇拜的偶像。

基督教、犹太教对阿拉伯人的影响也是极其深远的。犹太教对阿拉伯人的影响可以追溯到所罗门时代，那时候一部分阿拉伯人就开始信奉犹太教了。自公元前 63 年起，原属犹太王国和以色列王国的国土被并入罗马版图，犹太教徒最开始逃难的地方就是阿拉伯半岛上的其他地区。

所以犹太人和阿拉伯人的渊源是很深的。当时阿拉伯人是很宽容的，他们收留了犹太人。后面的章节里还会讲到为什么犹太人那么精明、善于经商，其实是被迫的。

后来，因为基督教的兴起，一部分阿拉伯人开始信奉基督教。基督教脱胎于犹太教，但是两者的教义不同，从诞生之日起一直到第二次世界大战前，这种冲突从未间断。而这个时候两者的冲突尤为激烈，这让当时的阿拉伯人无所适从。

5.7.2 穆罕默德与伊斯兰教的诞生

基督教和犹太教相互攻伐，一直持续到公元六七世纪。阿拉伯半岛先后又被拜占庭、波斯、阿比西尼亚等不同的政治势力所统治。阿比西尼亚这个名字其实就是埃塞俄比亚的旧称。当时阿拉伯半岛不断被不同势力统治，所以当地人渴望统一，希望建立一个统一的组织来保护自己的民族和部落，抵抗外族的入侵。

这时一位先知应运而生，他就是穆罕默德。穆罕默德其实也是一个苦命的孩子，虽然生在贵族家庭，但是他的家族很快就败落了。他在很小的时候就失去了双亲，是由爷爷和伯父养大的。

穆罕默德从小就跟着伯父在沙漠里经商，在经商过程中开阔了眼界，看到了一个民族的苦难。他思考这个民族、这个部落面临的痛苦和未来的发展以及人终极的信仰需求。他经常在后山上思考部族的未来，成为《古兰经》的接受者。公元 610 年（伊斯兰教历 9 月），安拉开始陆续降示《古兰经》文，直至 632 年，穆罕默德去世，“启示”终止。穆罕默德接受的启示是零星的，接受的方式也不拘一格，比如有的是“梦境式”，有的是“与人交流式”，有的是“心灵撞击式”，等等。[1] 先知穆罕默德成为《古兰经》的传达者。

按照伊斯兰教义，上帝曾经给予人类三次启示。第一次启示给了犹太人，所以创立了犹太教。可惜犹太人把上帝的意志改变了，所以上帝就二次启示人类，给了耶稣基督，耶稣基督创立了基督教。很遗憾，基督教也违背了上帝启示的真义，所以上帝最后一次启示人类，给了穆罕默德。

穆罕默德按照安拉的意志，创立了一个新的宗教，就是伊斯兰教。伊斯兰教创立的时候跟其他的宗教不同，其他宗教创立时，当时已经有很多先知都不在人世了，甚至后来被处死。而伊斯兰教创立时，穆罕默德正值盛年，通过战略整合，他把整个阿拉伯半岛统一了。

---

[1] 从恩霖.《古兰经》漫谈［J］. 中国宗教，2004（11）：2.

5.7.3 阿拉伯人对世界的贡献

阿拉伯人对世界的贡献是非常巨大的。在伊斯兰教先知穆罕默德创立伊斯兰教之前，这个地方相对来说比较落后。所以穆罕默德说过一句话："阿拉伯人胜过外族人的只有虔诚的信仰。"也就是说，这个地区从物质条件和精神文明的程度来说，都与其他的部族有很大的差距，与犹太人、罗马人、希腊人、亚述人等相比，包括与当时的突厥人、波斯人相比，文化是比较落后的。

但是，阿拉伯文化落后的局面随着伊斯兰教的崛起迅速发生了改变，因为阿拉伯人迅速地征服、统一了整个阿拉伯半岛，甚至统一了阿拉伯半岛之外的一些地区，成为横跨亚、非、欧三洲的大帝国。

阿拉伯人通过文化的传播，通过西班牙和西西里岛将这种融合的文化传到欧洲，对于整个欧洲可以说是一道闪电，因为当时的欧洲正处于黑暗时代，阿拉伯文化对欧洲的文艺复兴起到了非常积极的作用。当时有几个大的都市，比如大马士革、巴格达、西班牙的科尔多瓦，都是世界著名的文化大都。阿拉伯人的文化整整繁荣了四个世纪。在这四个世纪里，哲学、文学、史学、艺术和自然科学各个领域都得到了迅速发展。

阿拉伯文化具有这么强的影响力，是因为阿拉伯帝国将统治地区的希腊文化、波斯文化、印度文化融合起来，加上阿拉伯本民族的文化，形成了一个文化融合体。这个融合体把各家文化的优势、基因完整继承，在继承的过程中还有突破和发展。

能够表现这种文化强大生命力的就是当时的图书馆。我们很难想象在公元9世纪巴格达这一座城市就有100多家书商。巴格达的公共图书馆就有36家，可见当时阅读是阿拉伯人的一种生活习惯。对图书爱好到什么程度呢？据传，有一个医生自己建了一家图书馆，这家图书馆的书竟然需要400头骆驼才能够全部搬走。

阿拉伯人在文明的传承中堪比东西方文化交流的桥梁，很好地将东西方的文明进行了有效传递。最简单也最有代表性的就是阿拉伯数字。其实阿拉伯数字不是阿拉伯人创造的，是印度人创造的，印度人创造出来以后，被阿拉伯人吸收，通过西班牙传到了整个欧洲。今天我们所用的阿拉伯数字，说明阿拉伯人在文化的传承、传播方面起到了很好的中介和桥梁作用。

5.8 中东之乱与宗教问题

5.8.1 中东与西方冲突的根源

今天一谈中东，就是炮火纷飞，部落之间相互仇杀，各个教派之间观点相左。导致这种状况的原因是什么？这就要先了解伊斯兰教最主要的教义和派别。

伊斯兰教与犹太教、基督教有很大的不同。第一个不同在于，伊斯兰教的教义属于天启。唯一的真神安拉天启给了先知穆罕默德，这是安拉对人类的最后一次启示。所以，穆罕默德就说，安拉的启示是不能改变的，改变安拉的启示就是违背安拉的本意。也就是说，除《古兰经》之外的任何经典都不是真正代表安拉本意的经典，都是歪理邪说，包括被篡改的《圣经》中的《旧约》和《新约》。

基督教和伊斯兰教的冲突是与生俱来的，来自教义。当然根本的问题不是这个，而是现实的利益不可调和。穆斯林成为一支强大的宗教力量之后，实行政教合一，迅速地占领了整个阿拉伯半岛，使阿拉伯帝国成为横跨亚、欧、非三洲的大国，对当时的东罗马帝国构成了巨大的威胁，而这些地方都是基督教传统的势力范围。所以现实的利益是不可调和的。

冲突需要一个爆发点，这个爆发点就是耶路撒冷。耶路撒冷是三教的圣城。耶路撒冷被穆斯林占领以后，激起了基督教的滔天怒火，这种怒火变化为一种仇恨，就开始了两者之间千年争斗的序幕。

自十字军东征开始，伊斯兰世界和基督教世界之间的恩怨一直没有化解。直到第二次世界大战结束，两者的板块、格局发生了变化，欧洲最大的敌人纳粹被消灭，出现了美国和苏联两大对立阵营。苏联倒台之后，西方世界在全球没有了竞争对手，所以对资源的掠夺就更加肆无忌惮，特别是对石油的掠夺。这时对整个中东的干涉就全部开始了，美国故意挑拨国家与国家之间的矛盾，让整个中东地区乱起来。因为只有乱，美国才能够乱中取胜，这是西方世界一个基本的政治路径。

西方世界在搞乱中东的同时，又积极扶持那些家族统治的中央集权势力。美国号称世界最民主的国家，倡导民主、自由、宪政三权分立。事实却恰恰相反，曾经与美国关系最好的多是集权势力，比如阿富汗的塔利班、伊朗的巴列维王朝、伊拉克的萨达姆武装，这些都曾是美国盟友，再比如说沙特阿拉伯，至今还是由国王统治。所以，这就印证了一句话：利益决定态度，利益决定立场。

5.8.2 中东民众的反美情绪

在这样的情况下，民众对美国、对西方世界就更反感。因为他们支持的都是这些国家的统治阶层，与民众的利益背道而驰。所以，当年伊拉克侵略科威特时，美国大兵解放了科威特。美国本以为，赶走了伊拉克，科威特的人民一定会对他们夹道欢迎、鲜花铺地。结果到了科威特，他们却发现科威特人民对美国人非常反感。

美国人不理解科威特人的态度。在科威特人看来，被解放的不是民众，而是科威特的皇室。美国维系的是皇室利益，而不是人民的利益。这就是美国人在西方现实生活中所扮演的一种角色，这个角色注定了中东地区对以美国为首的西方很难建立起真正的信任。

基督教与伊斯兰教的冲突本质，甚至当今的西方与中东地区的冲突本质是利益冲突。因为西方介入维护的都是代表着西方利益的政权组织，而民众在整个西方的渗透、调和之中，没有分享应有的利益，在底层社会就出现了仇美的情绪。这种仇美的情绪被一些政客利用，就形成了反美的潮流。这种潮流一旦形成势力，比如萨达姆政权，美国就要进行打击。萨达姆原来跟美国关系最好，后来因为他没有按照美国的价值观去从事有利于美国利益的一些政治措施，比如他竟然要用欧元而不是美元来结算石油交易，这就挑战了美元的霸主地位。

正是因为这些原因，美国与萨达姆的博弈，其目的还是维护本国的利益，而绝非要真正铲除一个专制、集权、暴政的政权。要想获得政治上的安全感或者军事援助、经济援助，这类政权就要与美国合谋，民众必然会反对。

要获得民众的支持就要反美，这就形成了一个悖论，这个悖论让那些政客在选择的时候要进行一种精确的计算，计算失误存在生命风险，比如萨达姆和卡扎菲。计算得当，如沙特阿拉伯，它的政权得到世界上最强大的军事组织的保护，就可以世袭下去，不断地分享这种特权。

在利益面前，调和的空间很小。要找到真正的共赢，就需要一个富庶、文明、现代的中东，这不仅符合阿拉伯世界、伊斯兰世界的战略意义，符合全球的利益，也符合美国的持久利益，关系国际秩序治理与稳定。否则，仅仅关注当下的既得利益，必然不可持续。所以，实施怎样的政治战略，是美国需要考量的。

5.8.3 中东各国政府与民众的关系

阿拉伯国家其实也曾意识到必须与现代社会融合，学习西方。但是他们数次的赶超、追随，都以失败告终。为什么中国学习西方成功了，而阿拉伯国家学习西方却很难成功呢？很重要的一个原因是，中国和阿拉伯国家有一个很大的不同，那就是阿拉伯国家的经济严重依赖资源。

政府与民众之间的关系属于生产关系，生产力是经济基础，而在中东存在的问题就是经济学上常说的“资源诅咒”。中东地区最主要的资源是石油，所以也可以说是“石油诅咒”。“资源诅咒”是一个经济学概念，是指资源丰富反而会拖垮经济，资源越丰富经济发展越慢，所以经济学家们往往用这样一个事实来警惕政府的管理者：不要对资源形成过度的依赖。而中东地区的经济发展恰恰形成了这样过度依赖资源的“资源诅咒”，对其文明发展产生重要影响。

在中东地区，在海湾国家，最主要的资源就是石油。石油深藏在地下，只要开采出来就有滚滚的财富，所以政府不需要发动民众进行大众创业、万众创新，不需要民众积极参与经济建设，因为石油从地下开采出来，直接跟外国公司合作就有税收保障了。

而中国政府与人民是鱼水关系，人民是水，政府是鱼，鱼必须在水里才能生存。政府收税后去服务老百姓，服务社会，让人民过得更富足、更安康、更有创造力，创造更多的财富，才能形成共赢。

与中国政府和人民是鱼和水的关系不同，在阿拉伯国家，政府与人民的关系是大鱼和小鱼的关系。因为在阿拉伯国家，最主要的经济收入来源是石油贸易。石油资源是天然的，只要把它挖出来，就能变成现金，变成财富，而政府拥有开发权。民众在开发资源的时候其实没有贡献，所以政府就想让民众分享得越少越好。这就出现了问题：政府与民众之间是一种相互对立的关系。政府不是由人民供养，而是由石油供养，搞石油经济。所以在中东，政府与人民之间的鱼水关系不成立，导致民众与政府天然的对立。海湾国家大部分都是偏向分配型的国家，政府认为民众不仅不纳税，而且还需要国家供养，也就是民众的生活大多是由政府发福利来维系。但是人民却认为这些资源是公共资产，不是政府的，也不是皇家的，而是社会的，政府应该公开、公正、透明地公布财政情况，应该廉洁高效地把这些资源平均分配给人民。所以这种对产权截然对立的观念导致民众与政府之间的相互不信任，这种不信任进一步加剧了部分政府的专制与极权。这就形成一个特别矛盾的现象，资源越丰富，石油产量越高，石油在国民经济中的比例越高，往往这个国家的民主化程度就越低。

所以民众与政府之间越来越不信任，政府越来越难采取有效的措施来推动社会的变革，因而在阿拉伯国家，民主宪政这条路走得非常艰难。直到今天，整个阿拉伯半岛的政体依然是以专制为主。

正是因为如此，一旦有风吹草动，民众就会揭竿而起。“阿拉伯之春”在中东地区蔓延的原因很简单，民众心中有情绪，只要有风吹草动，他们就会迅速展开一场声势浩大的街头运动。这样的结果导致政府的管控更加严密。越是严密，反抗得就越激烈，这就造成当前整个中东社会阶层之间相互不信任的普遍状态，而底层极度压抑。这种极度的压抑也为宗教极端势力提供了沃土。这些宗教极端势力认为，之所以出现这种情况，是因为民众不够统一，必须建立一个统一的伊斯兰国家。这个国家就是“伊斯兰国”，也就是ISIS。所以极端组织出现的根本原因不是宗教问题，而是阿拉伯地区政治失败，这才是恐怖主义诞生的温床。也正是因为如此，一旦有风吹草动，民众就会揭竿而起，引发像“阿拉伯之春”这样的街头政治和民众运动。

5.8.4 “阿拉伯之春”及其影响❶

“阿拉伯之春”是发生在中东地区的一场革命风暴，风暴的起点是一个很偶然的事件。2010 年 12 月 17 日，突尼斯的一个水果小贩受到执法人员的暴力执法，一时气不过，就在地方政府的门口自焚了。

这个事件引起了轩然大波，全国的民众都愤起上街游行，造成的政治影响迅速蔓延到整个中东地区，几乎所有阿拉伯地区都受到影响。其中有一些地区，比如突尼斯、埃及、利比亚、也门的政权还被推翻了，他们的首领受到了审判，穆巴拉克被关进笼子审判，卡扎菲直接被枪毙了。

一个偶然的事件为什么会在中东地区产生如此大的蝴蝶效应呢？根本的原因在于阿拉伯地区，特别是中东地区的民众对政府普遍不满：失业率高，民众找不到工作，生活失去保障，人权又得不到保证，同时权贵阶层奢侈腐化，警察暴力执法。民众心中有抵触情绪，所以只要有风吹草动，他们就会迅速展开一场声势浩大的街头运动。民众被压抑的愤怒一下子像火一样喷薄而出，形成了一次大地震。

这次被西方人称为“阿拉伯之春”的中东风暴有没有如愿给中东地区带来民主、复兴和繁荣呢？没有。反之，带来的是动荡不安与炮火纷飞，很多民众生活在水深火热之中，苦不堪言，比“阿拉伯之春”之前还要悲惨。

5.8.5 中东谋求复兴的尝试与未来

阿拉伯这个民族是在贫困地区成长起来的，曾经创造过非常辉煌、灿烂的文明。在公元 7 世纪到 13 世纪曾形成非常强大的阿拉伯帝国。阿拉伯帝国当时横跨欧亚非三洲，全球贸易的大部分被阿拉伯人掌握。

---

❶ 刘勃然．“阿拉伯之春”的历史回眸［J］．内蒙古民族大学学报（社会科学版），2015（6）：14－18.

所以当时的阿拉伯地区，尤其是巴格达，是全球文化、科技的中心，建了很多翻译中心、图书馆，现在世界上使用的阿拉伯数字，就是通过阿拉伯人传播推广的印度数字。当然传播的不仅是阿拉伯数字，还有中国的四大发明。

当时的阿拉伯是先进文明的传承者和传播者，曾经是世界上最重要的文明中心。然而因为十字军东征，整个阿拉伯民族衰落了。到了13世纪，这个国家又被成吉思汗的大军消灭了，更是雪上加霜。从此以后，这个民族一蹶不振，持续了700年。

到了20世纪五六十年代，出现了民族复兴的运动，代表人物就是埃及的纳赛尔。

纳赛尔想建立一个民主、现代、富强、文明的阿拉伯国家，所以他进行了民族民主革命。但是很遗憾，随着他的去世，后继的领导人没有继承他的遗志，再加上中东地区领袖接班人之间的相互争夺，这次复兴运动夭折了。

复兴运动夭折后，阿拉伯还在反思为什么学习西方失败了，为什么不能实现现代化？同一地区的以色列又是怎么崛起的？想来想去，他们认为以色列崛起的根本原因是他们信奉犹太教，在犹太教的引导下找到了出路。

所以在20世纪七八十年代，在整个中东地区，伊斯兰世界兴起一场复兴运动，就是从宗教中寻求未来，但是整个阿拉伯地区并没有从这次运动中获得很大的收益。这个地区依然是落后的、贫穷的，在这个过程中甚至走向一种极端，十几年前以本·拉登为首的“基地组织”，乃至今天依然存在的“伊斯兰国”，都是七八十年代兴起的复兴运动的尾声所导致的结果。他们自己也没有想到，复兴运动最后的结果是极端主义。

阿拉伯人想建立神学的秩序，建立政权，实行严格的伊斯兰教法，使所有民众都能成为真正顺从的穆斯林，但这次运动最终以失败告终。

“阿拉伯之春”是第二次世界大战以后阿拉伯世界探寻民族复兴的第三次浪潮。这次浪潮与前两次有所不同：第一次的领导者纳赛尔是社会精英、民族精英，第二次的领导者也是宗教人士、社会精英，唯独这次运动是由草根阶层发起的，而且是自发发起的，它的目标就是探求，这样一场民族复兴运动不能真正实现阿拉伯社会的长久繁荣，建立一个新的、民主的、现代的阿拉伯世界。让人欣喜的是以前从来没有的新媒体也参与其中，而在这次复兴浪潮中，像脸书（Facebook）、推特（Twitter）等都在其中发挥了作用。但是即便如此，有汹涌的民意，有推波助澜的新媒体，这次运动依然没有成功。

为什么阿拉伯复兴这么艰难？因为他们的文化和宗教没有根本的创新，他们没有思想启蒙，没有明确的施政纲领和治理体系，没有文化做支撑，这样的运动最后只能发展成为一场动乱。所以阿拉伯复兴需要的是宗教和文化的改革。

西方有文艺复兴，也有启蒙运动，但是这样的事情在中东地区，在阿拉伯地区，甚至在整个伊斯兰世界都是困难的。为什么？因为在伊斯兰世界中，《古兰经》是上帝对人类最后一次天启。前面讲宗教文化的时候专门讲过这一点，《古兰经》在穆斯林看来是上帝（或者说是安拉）对人类的最后一次启示。既然是最后一次，必须原封不动地执行，不允许有任何改变，一旦改变，就是改变了神的意志，改变了安拉的意志。

所以这就形成了宗教、政权、社会发展的悖论，社会要发展就需要制度改革，改革需要思想启蒙运动，思想启蒙运动可能就要动摇宗教的教义，动摇宗教的教义就是改变安拉的意志，因为《古兰经》是神钦定的，所以在阿拉伯国家改革就显得非常艰难。

如果没有理论的突破，整个伊斯兰世界，特别是阿拉伯地区、中东地区就面临一个困境。一面是现代社会日新月异的发展，从农耕文明进入工业文明，再进入信息文明，而整个阿拉伯地区竟然还是用部落和部族的方式在进行管理，施行传统、落后的中央集权制，而这种中央集权制又不同于其他地区的中央集权制，它是家族式的，这与现代文明相去万里。在这样的背景下，进行宗教改革、社会改革，难度是很大的，特别是教派之间、信仰之间很难调和。

但也有改革成功的例子，比如黎巴嫩。黎巴嫩在 1943 年独立之前，内部就达成了一个协议，即总统由基督教徒担任，总理由逊尼派的人担任，议长由什叶派的人担任，部长和议员根据教派人数比例进行分配。这一做法目前看来是非常成功的。但是，应该看到，黎巴嫩的成功是在第二次世界大战期间，而整个西方社会与中东产生矛盾的时间恰恰是在“二战”之后。如果黎巴嫩在1943年没有达成这个协议，到了“二战”之后，成功的可能性也微乎其微。

中东地区的埃及、约旦、土耳其、阿联酋等国家，在阿拉伯半岛这一带，贫富差距是很大的，其富庶是建立在石油经济基础之上的。石油是一次性能源，越开发越少。整个阿拉伯地区的经济都建立在这种单向输出而没有回向的模式之上。2011年的一份报告显示，以现在的国内石油消费量，沙特将在2038年成为石油净进口国。[1]

到2025年，沙特阿拉伯产出的石油已经不能够维系国内的海水淡化、经济发展的基本需求，有专家估计，到时候沙特政府支出很快就会超过石油收入，政府负债会快速增加，用安全和繁荣来交换人民的政治顺从。到时候自给自足的能力肯定不具备了。而2025年离现在也不过还有五年的时间，整个阿拉伯世界今天前景堪忧，留给中东地区改革的机会和时间不多了。

5.9 耶路撒冷是一个文明融合实验室

5.9.1 文明不一定相互冲突

美国著名的文化学者塞缪尔·亨廷顿在《文明的冲突与世界秩序的重建》一书中提出：“冷战后的世界，冲突的基本根源不再是意识形态，而是文化方面的差异，主宰全球的将是‘文明的冲突’。”

他的学生弗朗西斯·福山在《历史的终结与最后的人》中分析伊斯兰世界的问题，“不是文化冲突，实质上是政治激进主义，与文化无关”。

事实真是如此吗？非也。

亨廷顿所谓的“文明不可调和”以及福山提出的“政治激进主义”，导致的直接结果可能就是战争，文明冲突不可调和，那战争就是必然的结

[1] 孙霞. 沙特石油决策机制及其对美沙能源安全关系的影响［J］. 国际关系研究 2018（6）：90.

果。冲突不就是政治激进主义造成的吗？那么，变更国家元首，天下就能变成太平盛世了吗？

事实恰恰相反：文化必将在融合中发展，共生共荣，逐步趋同，而不是文化的冲突、文明的冲突、政治激进主义。这个答案在耶路撒冷得到诠释。在耶路撒冷，犹太教、基督教、伊斯兰教三教你中有我，我中有你，一座城市，三教朝圣，是大家共同的精神家园，怎么可能分割？一座城市，犹太人、阿拉伯人、亚美尼亚人（逃难至此）都视为空间上的物质家园，怎么可能分割？不可分割，必然要学会和平相处，比邻而居。事实证明，耶路撒冷城就是这样一座和平、安宁、和谐、和睦的城市，没有出现亨廷顿所谓的“文明的冲突”。

5.9.2 耶路撒冷的文化融合

耶路撒冷东部为伊斯兰教区；西北部为基督教区，有基督教的圣墓教堂；西南部为亚美尼亚区；南部为犹太教区。犹太教、基督教和伊斯兰教三教奉这一城为圣地都是有渊源的。

耶路撒冷之所以被犹太人奉为圣地，是因为这里是他们的故都，这里有他们的圣殿、哭墙，所以他们把耶路撒冷当作宗教的中心、顶礼和思慕的所在。

而基督徒把这里当作圣地，是因为他们认为救世主耶稣基督是在这里被钉死在十字架上、被安葬、复活。这里是他一生最主要的传道场所。

伊斯兰教把耶路撒冷城当作圣地，是因为他们的先知穆罕默德从这里骑马飞天，直上九重，接受了天启，所以才有了《古兰经》，才有了伊斯兰教。

所以在耶路撒冷这座城市里面，到处都能引起争议。

拿圣墓教堂来说，这里是耶稣基督殉难、安葬和复活的地方。但是这座教堂是归基督教的三个教会——罗马的天主教、亚美尼亚的使徒教、希腊的东正教——共同所有，另外的三个教会——叙利亚的正教、埃塞俄比亚的正教、科普特教——也参与管理。所以，一座教堂三家所有、六家管理。

更特别的是，这是一座基督教教堂，钥匙却掌握在一个中立的阿拉伯望族手中，由阿拉伯人每天早晨去打开基督教教堂的大门。

这个事实反映了，信息文明使空间概念不断弱化，地球最终将变成一个地球村，人类同在一个屋檐下已成既定的事实。圣墓教堂就是多家共存，空间缩短了人与人之间的距离，文化成了载体。这种融合是必然的。

而不同特质的文化融合也会发生化学反应，不仅是物质与物质，文化与文化之间也会发生化学反应，其结果就是产生新文化，这就是文化的创新。文化创新的特点就是融合各方的共同点，寻求最大的公约数，这就是文化趋同。

5.9.3 文化的未来是共生共荣

亨廷顿用工业文明的视角看待文化冲突，而忽略了在文明更替的过程中，新文明对文化的需求不是矛盾，而是矛盾转换形成的融合。

福山指出来的政治激进主义，不是与文化无关的，激进主义本身就是文化的包容问题，而当下的伊斯兰世界面对的问题不是要清除政治激进主义，而是文化的融合和变革，也就是说，伊斯兰世界缺少一次宗教改革。

信息文明颠覆工业文明生产要素的同时，也必然颠覆意识形态对立的关系。意识形态的基础是文化，所以未来的世界不再是非此即彼的博弈，而是文化的共生共荣。这是一个基本的态势，是不可改变的现实，而耶路撒冷作为人类文明融合的实验室，恰恰也证明了这一点。

站在耶路撒冷看耶路撒冷，未来的耶路撒冷必然成为人类不同文化、不同信仰和睦相处的典范，这是不可改变的事实。因为这是文化驱动使然。

站在耶路撒冷看世界，未来的世界也必然是一个大家庭，不再像以前那样各自为政，相互攻伐。在信息文明时代，无论人类在肤色、地域、文化、宗教有什么差异，彼此之间都会取长补短，逐步趋同。

正像费孝通先生说的，“各美其美，美人之美，美美与共，天下大同”。耶路撒冷这个人类文明融合的实验室实验的结果证明了笔者的逻辑推断，世界潮流浩浩荡荡，信息文明滚滚而来，识时务者方为俊杰。

5.10 中华文明及其文化力

5.10.1 中华文明的现象与内涵

纵览我们五千年的文明史，“唐尧舜禹夏商周”,源头的中国人，品格清澈，这是公有共享制度所激发出来的。唐宋时的中国人，雍容文雅，这是中央集权最成熟、最完美、最自信的时候。元代，中国文化遭遇多元文化的交流与碰撞，及至明清，从有限开放到闭关锁国，中华文化走向衰落，但中华文明却始终没有泯灭，经过沧桑洗礼走向复兴，皆因其内在的独特基因。

春秋战国时期救危扶困、路见不平、拔刀相助、知恩必报、赴火蹈刃、舍生取义是当时社会的基本状态。当时的知识分子，大都是理想主义者，他们不迷信权威，也没有思想禁区，以君王的师友自居，甚至将自己的“道”凌驾于君王的“权”之上，合则留，不合则去。

秦初步从疆域、政治、经济和文化等各方面把中国纳入到统一的模式之中。汉代“罢黜百家，独尊儒术”之后，大儒董仲舒提出“大一统者，天地之常经，古今之通谊也”，万民归心、国家统一逐渐成为中国政治文化的核心内容。在专制集权的方向上，汉武帝做到了他那个时代的极限，奉行“重农抑商”的经济体制，建立以儒学教化为代表的文化制度，发展和确立了从中央到地方一套完整的、具有效率的管理体制，垂范后世。在人才选拔上，古代中国经历了察举制、九品中正制、科举制，最终建立了领先世界的选官用人体系。

尽管在中国历史上，社会分合无定，但“国家统一”的内核却愈加强化，成为中华民族不可动摇的文化根基。一旦一元统治被削弱，就会引起内乱外患、民族分裂、地方割据、阶级冲突、外敌入侵等问题。每一次乱世过后，都巩固了中华民族不断走向民族大交融、文化大融合这一趋势。在这一过程中，各美其美，美美与共，是大道之行。

5.10.2 中华文明的和谐特质与生命力

道并行而不相悖，万物并育而不相害。中华文化具有强烈的融合性，以儒家文化为核心的多元文化和谐并存，在交流与变革中彰显生机。

1.《周易》之根基

中国儒学自春秋末年由孔子韦编三绝而创立。我们的群经之首是《易经》，讲的是本体论，也就是在讲宇宙的原生动能是怎么形成的。核心讲“三易”，即“简易”“不易”“变易”。

中国哲学、中国文化，甚至可以被称为“阴阳哲学”“阴阳文化”。阴阳、五行是西周初期出现的两个重要范畴，最初用来说明天道的运行。古人通过观察日月星辰等天象，发现世界的动能是由能量的组合交换所产生。世界主要包含五种基本要素，要素本身就显示出自有特质，五种要素具象来说，就是我们说的金木水火土。金代表刚硬、阳刚；木是升发、生长；水是柔和；火是温热、升腾；土是承载、受纳。这五种要素相生相克，相生的时候产生能量，相克的时候牵制均衡，从而维系能量守恒的状态。这五种元素根本的动力就是阴和阳，阴和阳的交换也就是太极图。《周易》的卦辞、爻辞并没有出现“阴、阳”两字，但《周易》以阴爻与阳爻为基础，演变而成八卦、六十四卦，以定吉凶祸福，阴、阳的观念也就包含其中了。

阴和阳之间也不是相互绝对的，这种交换表现出三大特征，易、不易和简易，易是世界通过能量的交换来进行运转，不易是指能量交换的原则和法则是不变的，交换的方式是通过简易来实现，实际上通过易、不易和简易来通读宇宙的发展。易学中讲究将万事万物融会贯通，以适应各种变化，要善于利用已有的信息做出最初最优的决策。

从《周易》看来，变革才能使社会充满活力。为了使社会保持和谐稳定，防止走向反面，就要善于变革，不断有所创新，使社会充满活力。

总体说来，《周易》不仅在继承和阐发先贤思想资料的基础上，提出了太极阴阳思想、三才合一思想、位时应中思想、变易不居思想、刚健有为思想、扶阳抑阴思想、升降交感思想以及运数取象思想、“保合太和”

的最高价值理想，而且试图将其付诸实践，奠定了中华文明发展的基本方向。

2. 儒学之发扬光大

儒学是入世的思想。古人将天体运行的基本规律称为“道”；按照这种规律办事称为“德”：这就是天人合一。孔子说“为政以德，譬如北辰，居其所而众星共之”。顺应天道的为明君，违背天道的就是昏君。所以在中国没有神说，因为一开始就破解了世界运转的规律，只要按照规律办事，就是有道之人、有德之人。道是天道，德是民心。所以君王称为天子，即按照天道而进行管理的人。古代（明代起）诏书第一句话都是“奉天承运皇帝，诏曰”，顺应天道就是统治政权的法理所在，如果逆天而行，老百姓可以讨伐你、推翻你。所以，孟子的民本学说就很深入人心。由于国人奉行实用主义，儒学对于百家文化持包容态度，和而不同。在中国的寺庙中多种宗教可以供奉于一殿、一庭、一山中，这与西方基督教的排他性形成了鲜明对比。

儒学经过战国时期的“百家争鸣”，不断发展壮大，虽经秦始皇“焚书坑儒”，但并未断绝。汉武帝推行“罢黜百家，独尊儒术”政策，使儒家思想一跃成为中国封建社会的官方正统思想。魏晋南北朝以后，虽然长期存在儒、道、释三教鼎立与纷争的局面，但是，盛唐以后经过韩愈的反佛、批道、复兴儒学的努力，重新诠释和阐扬了儒学。到了北宋时期，儒、道、释三教在融合中创建了新儒——宋代理学，成为中国封建社会后期居于支配地位的意识形态。儒学作为对中国传统文化影响至深的一个文化流派，其思想精髓已经融入每一个中国人的思想深处。

儒家思想依托其思想本质上的极大包容性，对世界优秀文化取长补短，形成了我国以儒家文化为基底的多元文化并存格局基底，具有极强的自我更新和再生能力，肩负起与世界文明交融的历史重任。

5.10.3 文明演化与管理思想

1. 文明演化

在公元前500年前后，也就是春秋战国时期，世界三大文明（希腊文明、中国文明和印度文明）同时出现了思想文化的大突破。这一时期也就是人类文明精神的重大突破时期，德国哲学家雅斯贝尔斯将这一时期命名为“轴心时代”。在这一时期，古希腊出现了苏格拉底、柏拉图、亚里士多德、伊壁鸠鲁等人为代表的哲学家，他们在人类思想发展史上占有崇高地位，为后世各个流派的哲学家提供了极为丰富的思想源泉；以色列则出现了犹太教的先知们；古印度有释迦牟尼，中国有孔子、老子……他们提出的思想原则塑造了不同的文化传统，一直影响着人类的生活。

在这一时期，古希腊、中国和印度三地的文化都发生了“终极关怀的觉醒”。换句话说，这几个地方的人们开始用理智的方法、道德的方式来面对这个世界。

与宗教崇拜“神”不同，中国儒学体系追求的是人格的“超凡入圣”。从本质上来说，中国人是崇拜“人”。儒学思想蕴含着丰富的人性论，“仁、义、礼、智、信”五大基本要素奠定了管理的价值理性，与西方管理学的工具理性形成互补。

2. 西方管理思想演化

西方管理学的成立是建立在“经济人”人性假设基础之上，人性从X转变到Y，总是把“人”建立在一个工具化的基础之上。在古典经济学中，在定义生产要素时，人的要素是作为生产资源，所以现在才有各个部门的人力资源部。人力资源部是什么概念？人和机器是一样的，都是创造财富的工具，这是西方管理学的人性假设。这种假设实际上违背了一个组织或者一个企业发展的终极目标——是要为人而发展，而不是让人成为被利用的工具。不管是古典经济学还是现代经济学，包括新经济学、古典管理学和现代管理学，都没有改变一个企业或者一个组织的发展目标，或是欲望诉求。

回顾现代管理发展轨迹可以发现，工业文明时代的古典管理理论以理性经济人假设和管理科学化为核心，管理方法以严格而枯燥的流程与制度为主，将人置于客体地位，由于缺乏人文精神而被颠覆。现代管理理论开创理论丛林，因缺乏系统性而被后现代主义批判和解构。后现代主义主张管理的可持续性、和谐性，但无法抛弃工具理性的内核——“效率论”和初始的逻辑起点——“功能主义”。

西方管理的实践困境。西方管理理论持续更新，工具不断进化，但科学主义和个人主义的哲学基础决定其无法根本解决企业财富增长与价值危机、人性均衡发展之间的矛盾。国际金融危机、债务危机、治理危机等表明，侧重于工具理性的西方管理模式已经无法契合信息文明时代的要求。西方管理模式衰落的重要原因是价值理性空心化。

3. 儒学对管理思想的独特借鉴

儒学和谐秩序观的起点是性善论。区别于“人生而有原罪”假设，在孟子看来，人性向善源于人心中存在的四个先验的道德属性，即四个善端：“恻隐之心，仁之端也；羞恶之心，义之端也；辞让之心，礼之端也；是非之心，智之端也。”“大学之道，在明明德，在亲民，在止于至善。”“仁则荣，不仁则辱。”人性向善追求和谐的人际关系和天下为公的整体观，倾向于用协商的方式而非武力征服的方式来解决利益冲突，以中庸的平衡机制有机协调各方利益关系，加强组织管理中仁爱关怀与效率逻辑、道义与盈利、自律与契约、个体情感与组织文化之间的融合，致力于实现“老吾老以及人之老，幼吾幼以及人之幼，天下可运于掌”“致广大而尽微”的儒家理想。

儒学之“礼治”是建立人际关系、社会秩序的一种标准和规则。美国著名汉学家狄百瑞提出：“从欧洲人的角度来看，儒家传统缺乏对法律的重视。其实儒家传统并不是完全不考虑法律，只是它把法律当成是最后的制裁手段。换句话说，只有在无法使用协调的方式处理人际关系时，才诉诸法律的方式。”❶ 相对于西方管理模式重法制、重他律，儒家文化强调有礼、有信、礼治、德治，“与朋友交，言而有信”，可以视为自律与诚信意识。中国文化认为“礼”既是社会制度，又是人们行为的道德规范和标准。“一日克己复礼，天下归仁焉。”“道之以德，齐之以礼，有耻且格。”由于“礼”是规定多层人际关系、多种行为的规范，所以中国社会提倡礼仪文明、以德治国，国家治理的理想目标是“大同世界”，现实目标是

❶ 赵吉惠．论多元文化与儒学超越［J］．唐都学刊，1997（4）：6.

"小康社会"。

儒学管理思想的主旨是"天人和谐"，追求人与自然、人与人、人与社会、人与自身的普遍和谐。在中国传统文化中，"以义制利""义利兼顾"，匡扶人心、匡正社会，承担社会责任，天下为公、经邦济世、济世救民是追求普遍和谐的方式。相应的赈灾、荒政、社仓等制度形成极具特色的早期福利国家模式。整体利益最大化与关注社会利益的儒学文化，彰显了中国管理模式中"最突出的文化优势"和"最深厚的文化软实力"，对于世界和谐具有独特的启示。

4. 趋势与发展

信息文明时代，信息成为第一生产要素，具有快速复制分享与迭代、交互式分布等特征，创客文化、创意经济、全球虚拟团队等新兴组织形态、长尾化与网络化市场结构相应兴起，信息直接参与到生产、消费、交换、分配各个环节，信息生产者的自主能动性与创新性成为组织成长的关键力量，组织结构呈现"国际化＋生态化＋平台化＋创客化"倾向。面对信息文明智能化、人性化、个性化的生产方式变革，人们对自我发展和自我实现的价值要求越来越高，企业组织的协同性和跨文化管理能力越来越重要，无论外部拓展或内部治理都必然面对多元文化融合问题。

文化是组织的内在基因，任何组织的管理模式都不可能抛开文化背景而另起炉灶，只有根植其上的管理目标、管理流程、管理技术等才具有实践理性，即价值理性与工具理性相互契合。从管理学的角度来看，国家的兴衰其实是靠工具理性（科技）及价值理性（道德与文化）两个车轮推动，两个维度平衡发展，就会国泰民安，反之不是止步不前就是世风日下、道德沦丧。在信息文明时代，西方管理模式的效率内核因人文性不足，价值观偏差引发应用危机，管理学向东方回归。

儒学"和而不同"思想尊重跨文化个体的个性、情感、价值、自我实现等需求，激发组织的主观能动性、积极性。从传统到现代，从东亚儒家文化圈经济腾飞到"一带一路"发展实践，厚重的史料与管理案例充分表明，儒家文化人本主义和社会伦理关系注入现代管理模式之中，可以促进互利互惠与经济繁荣，并非只有西方的理性管理才是科学。

中华文明具有巨大的异质文明包容性，素有“推己及人”“从修身到平天下”“兼相爱、交相利”“泛爱众”的独特文化心理，超越了西方文明冲突与零和博弈的传统模式。西方治理理论建立在个人本位、自由主义、基督教一元化价值基础之上，引发权力多元的分裂倾向和文明冲突，导致全球治理失衡的困境。中国治理模式传承了中华文明的文化基因，“大一统”思想避免民族分裂；文化包容区别于文明冲突；“群体和谐”“天下为公”“民本”价值观区别于马太效应；德治与法治相结合区别于法治唯一；“天人合一”区别于“天人相分”。不同的文化逻辑塑造不同的管理思想。中国管理思想与模式本质上是一种共同体治理，体现为国家共同体和世界人类命运共同体。

儒学和谐思想意味着相对于西方的个人主义，从价值观、道德伦理、经济伦理、商业秩序、组织文化、目标使命、管理模式、职业态度、行为模式、社会责任等层面提倡合乎理性的集体主义，致力于以人际关系和谐增强群体意识和凝聚力。以“和谐”的思想认同、理论认同、情感认同、文化认同和管理认同，彻底颠覆了西方管理以追求经济效益和效率为中心的发展观，对于稳定和繁荣多元民族、国家与地区经济，具有独到的启示意义，与信息文明时代的发展趋势相契合。

中国深刻把握自身与世界关系的历史性变化，总结国内外历史经验，继承中华优良传统，站在全人类发展与进步的高度，深入思考人类未来前途命运，着眼于人类最大公约数，提出“构建人类命运共同体”思想。这一着眼于追求全人类的共同福祉，超越狭隘的民族国家视角，体现中国传统文化朴素理想愿景的当代价值，是儒学文化立足时代大潮对全世界贡献的中国智慧。

6　变革与崛起

6.1　十字军东征导致的欧洲大变革

6.1.1　十字军东征概述

十字军东征给欧洲带来了意想不到的大变革。十字军东征过程中，掠夺和侵略贯穿全程，以失败告终。十字军东征开启了西方国家的世界化之势，是欧洲的大航海时代、宗教改革、文艺复兴、工业革命等一系列重大变革的前提，直接导致了今天的世界格局。

十字军东征发生在公元 1096 年到 1291 年，在罗马教廷的煽动下，西欧封建主、意大利商人和天主教会对东部地中海沿岸发动了一场持续近 200 年的侵略性行动，前后达八次之多。

1095 年，拜占庭帝国遭到了塞尔柱帝国的入侵，它向欧洲西方各国求援，特别是向当时的罗马教皇乌尔班二世求救。乌尔班二世一看，这是实现基督教东扩的一次好机会，通过这次东扩能很好地实现基督教的世界化，所以他就号召基督教战士组成十字军，从“异教徒”（穆斯林）手中重新夺回“圣地”耶路撒冷。因为参加这次战争的士兵都佩戴十字架，而基督教的标志就是十字架，所以参战军队就称为十字军。

第一次东征是很成功的，1099 年十字军占领了耶路撒冷，取得了全面的胜利。因为是教皇发出了“圣战”的号召，也就是说，这次是为了拯救耶路撒冷、夺回“圣地”，所以，凡是为此次战争而牺牲的将士，全部都能进入天堂。这是非常有诱惑力的，很多教徒修行一生就是为了进入天堂，而参加这次战争就可以直接进入天堂，所以教徒蜂拥而至，积极参战，在战争中也非常勇敢，因为战死就可以进天堂。

之后，十字军又进行了第二次（1147—1149）、第三次（1189—1192）东征，但都以失败告终。到第四次东征（1202—1204）的时候，十字军原计划是要进攻埃及，但是在威尼斯的怂恿下，转而进攻信奉基督教（东正教）的东罗马帝国，攻占了君士坦丁堡，建立了东方的拉丁帝国。所以，十字军东征不只是针对穆斯林、针对“异教徒”，甚至针对基督教的同门兄弟，面对东正教，天主教也采用了征服这种暴力。

1270 年，十字军第八次东征，这次是由法国国王路易九世领导的，十字军进入突尼斯后，路易九世染了病，死在了路上，这次东征等于一出发就收场了。

1291 年，基督教世界在如今的叙利亚地区最后一个重镇阿卡被穆斯林攻占，整个十字军东征过程中侵占的地区全部被穆斯林夺回，同时也宣告了十字军东征彻底失败。

6.1.2 十字军东征的背景

到底是什么点燃了这次东征的火药桶呢？还要根据时代背景进行分析和探讨。

基督教诞生于公元 1 世纪，诞生地就在当时罗马帝国的一个行省犹太省，也就是今天的以色列和巴勒斯坦地区。公元 313 年，因为《米兰敕令》的颁布，基督教由地下变成合法化，到公元 392 年又成为罗马帝国的国教，所以，从成为国教到公元 7 世纪，在中亚、欧洲乃至整个中东地区、西亚地区，基督教都是一支独大，是一个具有压倒性优势的宗教。

但是，公元 7 世纪，伊斯兰教在阿拉伯半岛兴起，号召全民信教，在这样的家庭出生的孩子就是天然的伊斯兰教徒。同时伊斯兰教号召进行大规模的“圣战”，所以当时这一宗教势力发展得十分迅猛，在整个阿拉伯半岛和西亚地区掀起了巨大的旋风。

公元 638 年，阿拉伯帝国占领了耶路撒冷，接着又向北边、西边扩张。

公元711年，阿拉伯人越过直布罗陀海峡占领了西班牙，这标志着伊斯兰教传入欧洲。但是，在进军的过程中也出现了一些问题，那就是宗教冲突。特别是公元1010年，法蒂玛王朝的哈里发哈基姆竟然下令拆毁当时在耶路撒冷的圣墓教堂。圣墓教堂是基督教最神圣的地方，因为那里是耶稣基督被埋葬、复活的地方。所以这一举动令两个宗教开始对立起来。从此以后，基督教与伊斯兰教水火不容。

1071年，塞尔柱王朝的穆斯林打败了拜占庭，拜占庭帝国危在旦夕，便向西方，特别是向罗马教廷求援。整个西方基督教国家本身就怨气深重，几百年来“圣地”耶路撒冷被穆斯林所占，很多朝圣之路被堵，“圣地”的圣墓被亵渎，所以教皇看到民众情绪高涨，就准备趁着这个机会扩大天主教在世界的版图。于是，教皇利用这个时机，发出了“圣战”的号召，号称东方的兄弟正在遭受穆斯林的侵袭，遭受穆斯林的侮辱，应当组织起来发动“圣战”。

6.1.3 十字军东征的直接影响

十字军东征就是在这样的背景下发生的，前后共进行了八次。十字军东征到底给世界带来了哪些最终的影响，主要有五个方面：

第一，十字军东征持续了近200年，这200年彻底粉碎了罗马教廷成为世界性宗教的机会，因为十字军东征的惨败，天主教止步于欧洲，而没有能力再进入西亚甚至中东、远东地区，进行进一步的传播。在战争中，广大的基督徒也看清了教皇的企图，看到了罗马教廷的私欲，所以教皇的威信大大降低。

第二，第一次十字军东征真的夺回了耶路撒冷，但是，没想到，十字军竟然对这个城市特别是针对穆斯林进行了血洗。据耶路撒冷史记载，当时十字军对耶路撒冷城内的穆斯林实行大屠杀，不分男女老少，一杀就是30天。当时十字军的一个指挥官给教皇写信，说他骑着马，血迹都没到马膝盖了，可见当时的杀戮多么残酷，更不用说在杀戮的过程中对清真寺、宫殿、民间的财宝进行洗劫，很多非常精美的古代艺术品都被毁坏了。

第三，十字军东征促进了西方军事、科技的发展。与当时中东的辉煌、强大、彪悍、先进相比，欧洲显得又土又笨又落后。十字军东征让西欧人开了眼界，他们到东方一看，真是大开眼界，东方人用火药、火器还有指南针。他们之前没见过火药、火器，所以通过这次东征，在军事上也获得了很大的发展，打开了眼界。

第四，十字军东征还促进了西欧文化的发展。到了东方的欧洲人，发现了早已在欧洲失传的古希腊、古罗马的文典，他们就把这些文典带回欧洲，使欧洲人重新看到了古希腊、古罗马的文典，为后来的文艺复兴做了很好的铺垫。文艺复兴，简单来说就是复兴在中世纪被湮没的古罗马和古希腊的古典文化，实际上是借助古希腊、古罗马文化中的人文精神，与天主教作斗争。

第五，十字军东征也重挫了塞尔柱帝国，奥斯曼帝国趁机崛起，截断了丝绸之路，刺激了大航海时代的到来。因为战争，基督教和伊斯兰教的仇恨已经水火不容，所以商路也无法继续通行了。因为奥斯曼帝国位于东西方连接的交通要道，连通东西的丝绸之路由此阻断。但是欧洲人又特别喜欢东方的丝绸、瓷器，尤其是东方的茶叶、香料备受青睐，丝绸之路的阻断迫使欧洲人寻找到达东方的新通道。陆路被阻断了，但是西欧人，尤其是西班牙、葡萄牙，利用从东方传入的指南针等航海技术以及自身的航海技术和经验，积极探索海路，由此开启了大航海时代，才有了后来的发现新大陆、西方对全球的殖民和全球海上贸易体系的建立。

6.1.4 十字军东征的深远意义

十字军东征加强了西欧与近东地区的交往，促进了古希腊、古罗马文化典籍的西传，为文艺复兴奠定了基础，文艺复兴最主要的就是人神序位的排列组合，突出了人的价值。另外，由于组织十字军需要得到世俗王权的支持，欧洲王权在和教权斗争中逐渐占据上风，罗马教权逐渐衰落，各国教会开始实现民族化。没落的罗马教会愈加腐化，教会内部买卖圣职，贿赂成风，还通过贩卖“赎罪券”搜刮财富，广大的基督徒看清了天主教腐败、没落、贪婪的企图，加上文艺复兴运动的影响，到了16世纪，最终有了后来马丁·路德和加尔文倡导的宗教改革。文艺复兴和宗教改革，促进了人们思想的大解放、文化的大繁荣，科技也获得了飞跃性发展的空间，后来出现了蒸汽机、织布机，开始了工业革命。工业革命一开始就完全地改变了时代，人类进入了一个全新的文明时代——工业文明时代。

工业文明一百年间创造的财富，比人类有史以来创造的财富总和还要多，所以欧洲快速发展，强大的欧洲开始了征服世界的步伐。

可以说，十字军东征使得欧洲大陆走上了一条世界主义的道路，使欧洲认识到外部世界的广阔，进而激发了征服世界的欲望，这就是十字军东征所带来的意想不到的欧洲大变革，欧洲大变革又引发了意想不到的全球版图的重新排列组合，逐渐演变成今天的世界格局。

6.2 葡萄牙与西班牙的崛起

6.2.1 葡萄牙发现新航线

十字军东征是失败的，但是在那个冷兵器时代，胜利的一方也非常凄惨。正是因为这次交锋，塞尔柱帝国江河日下，国力耗尽。当然，夹在中间的拜占庭更是千疮百孔。

但是一个弹丸小邦奥斯曼却从中得利，它本来是塞尔柱的一个附庸国，却利用外部战争的机会迅速崛起，而且在各家非常疲惫的时机开疆扩土，由一个附属的小邦转型为一个横跨欧、亚、非三洲的大帝国——奥斯曼帝国。

奥斯曼帝国的崛起使欧亚大陆之间突然出现了一道屏障，亚欧之间的商贸往来都要经过这里。因为奥斯曼帝国信奉的是伊斯兰教，所以天然对欧洲国家，特别是基督教国家有敌意，帝国军队肆意劫掠和骚扰商队，政府还对过往商人征收非常高的税，这条连接东西方蜿蜒四千英里、存在一千多年之久的丝绸之路被迫中断。

丝绸之路中断之后，欧洲对丝绸、瓷器、茶叶、香料等高端奢侈品的需求依然很旺盛。对欧洲来说，选择只有两个：第一，打败奥斯曼帝国，再次开启东西方的贸易路线；第二，绕过奥斯曼帝国，向海洋进发，寻求新的路线。

欧洲人选择了第二个。为什么？因为面对奥斯曼帝国这个庞然大物，局部的战争根本解决不了问题，欧洲人曾经取得过战争的胜利，但是最终于事无补，所以绕过奥斯曼帝国开启新航道就成了他们唯一的选择。而首先做出这样一个决策的不是欧洲大国，恰恰是葡萄牙。

葡萄牙本身是一个岛国，面积很小，没法与欧洲列强争风，所以必须另辟蹊径，寻找发展之路，那就是向海洋进发，通过开拓海外市场获得发展空间。很幸运，他们实现了，因为他们的航海家绕过非洲到达亚洲，到达印度，开启了一条真正的欧亚新航线。这条新航线一开启，就把原来欧亚大陆的古丝绸之路完全取代了，这就意味着重大的商业版图变迁，原来曾经依赖丝绸之路赚得盆满钵满的西亚国家一下子衰落了。而大西洋沿岸的国家靠着从海路到亚洲的这条交通成本更低、运输更便捷的海上通道，迅速崛起。

6.2.2 贩卖黑奴

靠着新航线，葡萄牙赚得盆满钵满，赚来的钱用来购置枪炮和军械，所以葡萄牙越来越强大。后来葡萄牙人发现比商贸利润更高的增长点，那就是贩卖人口，远比运输和贩卖茶叶利润更高。他们看到非洲人贫穷、落后、愚昧，于是他们到非洲去贩卖奴隶。非洲人原本在家乡过得非常自由，却被葡萄牙人俘虏，装到船上运到遥远的美洲和欧洲。几百年间，前前后后从非洲运走的奴隶达1000万。运送一个黑奴到美洲、欧洲，往往意味着有九个或者更多的人累死、渴死、被打死，意味着成功运走一个人会导致损失十个人，几百年间贩卖黑奴让非洲损失了近一个亿的壮劳力。这相当于1965年非洲人口的总和。1783—1793年，利物浦奴隶贩子共贩运奴隶三十万三千多人，获利达一千五百多万镑，利润颇丰。[1] 葡萄牙以及后来的西班牙、英国、法国、德国都曾贩卖过黑奴，获得巨大利润。1650

[1] 吴秉真. 非洲奴隶贸易四百年始末［J］. 世界历史，1984（4）：83－88.

年非洲的人口是1亿，1980年非洲人口是46998万。❶ 所以，一定意义上可以讲，欧洲的崛起是建立在黑人累累白骨之上的。

6.2.3 西班牙的崛起

葡萄牙取得了成功，西班牙加入竞争。西班牙从事国际贸易，并开始和天主教结盟，和哈布斯堡政治集团联姻，控制西西里、撒丁、那不勒斯等地，欧洲很多地方都成了它的势力范围。接着西班牙又与奥斯曼帝国开战，从奥斯曼帝国获得了突尼斯。

此时的西班牙已经很强大了，强大的西班牙学习葡萄牙在海外殖民，它也开始在美洲大陆进行殖民侵略。西班牙在墨西哥战败了阿兹特克，控制了整个墨西哥；在秘鲁战胜了印加帝国，把整个印加帝国的黄金运到西班牙；西班牙的殖民地还包括后来的智利等地。西班牙建立了大量的殖民地，面积竟然是本土的几十倍之大。这些殖民地的大量财富被源源不断地运到西班牙。所以，16世纪的西班牙是世界上最富的土豪。正是这种富裕程度让欧洲列强看到赚钱原来如此容易，于是开始你追我赶，争相效仿，向外开拓殖民地，大航海时代方兴未艾。

6.2.4 西班牙与葡萄牙崛起与衰落的原因

欧洲有这么多国家，凭什么是西班牙和葡萄牙最先崛起？这并不是偶然的。当时欧洲大陆大部分国家都是四分五裂的，德国直到19世纪才实现统一，欧洲其他国家大多都是封建制小邦国，而葡萄牙和西班牙这两个国家率先实现中央集权，比较强大。

此外，这两个国家也比较精明，不与奥斯曼帝国、欧洲列强去争雄，而是另辟蹊径，开拓南方海域，进入浩瀚的大西洋、印度洋，乃至太平洋。而这些地方没有被列强染指，所以这两个国家并没有侵犯大国的利益，只是开拓了殖民地，却收获了滚滚的财富，赚得盆满钵满，成就了一世的伟业。

---

❶ 辜胜阻．试析非洲人口的高速增长［J］．人口研究，1985（1）：56－58．

当然，成就一世伟业的葡萄牙和西班牙后来衰落了，为什么最先崛起的两个国家也最先衰落呢？因为这两个国家崛起得比较早，还没有真正走出中世纪的黑暗，没有经历过文艺复兴、宗教改革和启蒙运动的洗礼，通过殖民获得的财富没有用于技术的升级换代，没有进行社会的改良和经济的改革，利润都被挥霍掉了，并没有形成资本积累和真正的生产力。所以，一旦生产力跟不上，一个国家就很快衰落。

在大航海时代，西班牙和葡萄牙的位置并不是最好的，位置最好的是英国。英国崛起后，第一件事就是跟西班牙在海上作战。1588 年，英国全歼西班牙的“无敌舰队”，从此以后，西班牙在海上一蹶不振。

在海上失利，转移到大陆上发展可行吗？在 17 世纪欧洲的三十年战争中（1618—1648），西班牙被法国彻底打败，退出了整个欧洲腹地。随着英国力量的崛起，1652—1674 年，英国多次对荷兰发动战争，荷兰被迫接受英国的《航海条例》，而且还丢了在北美的殖民地——新尼德兰（英国人将此地改名为纽约）。到了 19 世纪末，西班牙在亚洲的殖民地菲律宾也被美国抢走了。从此以后，西班牙和葡萄牙在欧洲的列强队伍中销声匿迹。

西班牙和葡萄牙的崛起和衰落是非常值得研究的。它们拉开了欧洲争霸的序幕，开启了波澜壮阔的欧洲大国崛起的时代，开启了欧洲文明与野蛮交织而成的发家史。

6.3 荷兰的商业革命

6.3.1 荷兰的大贡献

在葡萄牙和西班牙之后崛起的是哪个国家呢？是一个更小的国家——荷兰。

荷兰是在历史上创造了极大价值的一个国家，对整个世界的文明有着不可估量的贡献，因为荷兰是真正的现代金融制度的缔造者，第一个真正意义上的资本主义国家，最早建立了世界上最完善的资本主义制度。

阿姆斯特丹是当时整个世界的金融中心、贸易中心，也是自由和民主的中心。在阿姆斯特丹诞生了世界上第一只股票、第一个期权、第一个期货，现代的保证金交易制度、股指交易、证券交易所等，都诞生在荷兰这个小国家，就连华尔街都是荷兰人建的。其实华尔街是1626年荷兰人从印第安人手里买过来的，当时叫曼哈顿。买下曼哈顿只用了60荷兰盾，这个数字太微不足道了。

1640年，当时的荷兰为了控制非洲的奴隶，用篱笆和木桩修建了一道墙。这道墙还不够坚固，于是荷兰人在1953年又进一步把这道墙用水泥、木板重新固化，固化以后的墙非常有名。改修好之后，这道墙最重要的功能就变为防御印第安人和其他殖民者的骚扰，所以叫 Wall。

当时这道防御的墙叫作 Wall。后来这个地方成了金融中心，成为 Wall Street，翻译过来就是“华尔街”。

6.3.2 荷兰崛起的原因

为什么荷兰会有这么大的能量呢？因为荷兰地处欧洲大陆西部海岸，相对来说远离欧洲文明的中心，宗教的气氛自然不像法国、德国、意大利这些国家那么浓郁，稍微轻松一些、宽容一些。

另外，荷兰人天生爱做生意，这与荷兰的地理位置密切相关。莱茵河从荷兰入海，使得荷兰有诸多优良港口，荷兰人利用港口和莱茵河开展贩运贸易。荷兰原来不是国家，而是由商人组建的城邦。商人的特点是逐利，只要商品能卖钱，他们就很少考虑意识形态。所以，在荷兰很早就开始有了造船业、交通业、金融业，而且都很活跃，没有严密的宗教势力的干扰，所以荷兰各个产业的技术创新、制度创新很容易开展。

这种宽松的宗教氛围也吸引了大量的移民，欧洲大陆信奉新教、排斥天主教的工业家、技术人员和一些学者，先后到了新生的荷兰。

因为荷兰没有陈旧的宗教氛围，所以吸引了很多新教徒，这些人都是人类的精英，包括科学家、思想家、企业家、技术工人等，使这个地方很快成为全球的人才中心、商业中心。

荷兰人的商队早在1600年时就拥有1万艘船，是当时世界上最大的船队。[1] 到17世纪中期，荷兰已建立了一支庞大的商船队，拥有1.6万只商船，它的船舶总吨数相当于当时英、法、葡、西四国的总和。17世纪荷兰经济呈现繁荣的局面，它迅速超过了欧洲其他的国家而独占鳌头。马克思曾引用居希利的话，“荷兰几乎独占了东印度的贸易及欧洲西南部和东北部之间的商业往来。它的渔业、海运业和工场手工业都胜过任何国家。这个共和国也许比欧洲所有其他国家的资本总和还要多”[2]，其发展水平在当时代表着世界资本主义发展的水平和方向，荷兰的财富曾经备受世界瞩目。

6.3.3 荷兰创造的第一

17世纪初，联省共和国总人口大约是100万，荷兰省人口约50万。[3]（1581—1648年，荷兰共和国，也叫联省共和国，是荷兰的前身，相当于今天的荷兰、比利时、卢森堡和法国东北部的一部分。荷兰省是当时联省共和国中最大、最富裕且最有权力的省份，得益于资本市场而崛起，后独立成国家。）但是这个人口只有50万的国家创造了很多举世瞩目的成就。

荷兰人组建了当时实力最强大的贸易网络。1602年，荷兰合并了各类私营贸易公司，成立了一家国营公司，即荷兰东印度公司。荷兰东印度公司规模非常庞大，有1.5万个分支机构，贸易据点遍布东亚、东南亚和南亚地区，比如1624年，荷兰人占据台湾，对台湾进行殖民统治，并以台湾为据点开展同中国、日本、东南亚到欧洲的贸易。在17世纪中叶，荷兰还是世界上船舶最多的国家，当时全世界的船总共有2万艘，荷兰就拥有1.6万艘。正是因为荷兰有如此好的环境，所以信贷业、金融业开始在这里蓬勃发展。

荷兰人还是较早开展银行业务的地区之一，这是对人类的一个很重要

---

[1] ［美］斯塔夫里阿诺斯．全球通史［M］．北京：北京大学出版社，2012：434.

[2] 张淑贤，赫坚，姜维公．关于17、18世纪荷兰经济兴衰的几点历史反思［J］．松辽学刊（社会科学版），1995（1）：102-104.

[3] 杨大勇．16—17世纪荷兰的崛起与资本市场［J］．史学理论研究，2016（1）：121.

的贡献。银行在中国很早就有，但是称作“票号”，不是银行。银行是指真正的信贷和金融体系，1580 年，意大利的威尼斯银行是世界上最早的银行，1609 年，荷兰建立了阿姆斯特丹银行。因为银行是需要国家来做担保的，荷兰恰恰是较早为银行担保的国家。在这个基础之上，欧洲人看到银行是国家担保的，不会倒闭，所以把钱都纷纷投资到荷兰，荷兰就成了当时世界上重要的金融中心。

一个大国崛起的标志是什么？就是看它是不是世界的金融中心，这一点是从荷兰时代开启的，以后其他任何一个国家称雄世界，都基本上遵循了这个规则。英国强大的时候，伦敦是世界的金融中心，今天的美国纽约是世界的金融中心。

在全球贸易发展的大背景下，荷兰以海外贸易为依托，建立了一系列贸易、运输、金融体系，正是因为有完善的产业体系，荷兰人开始进一步研究企业组织的变革。荷兰东印度公司是世界近代史上最早、最著名的股份公司之一，进行了历史上第一次大规模的股份公司资本募集。[1] 股份制公司是人类有史以来，除了国家建制以外最伟大的组织创新。也就是说，股份制是人类的一大组织创新，正是因为公司制度的出现，世界的经济才如此活跃，如果没有公司制，社会又会回到作坊时代。正是因为有了公司制，才开始有了大体量的经济组织，才有大公司、跨国公司，才有托拉斯帝国。

6.3.4 务实而开放的荷兰

荷兰是一个既务实又鼓励创新的国家。18 世纪末，欧洲国家都希望与大清帝国进行商业贸易，因为都看到这是个有几亿人口的市场，都想去开拓，都想到大清去觐见皇帝。顺治皇帝接受觐见有一个条件，就是来者必须双膝跪倒，这对文艺复兴后人权意识极强的欧洲人来说是不能接受的。几乎所有的国家都拒绝了，但是荷兰人不拒绝，荷兰人觐见大清帝国的皇帝时是跪着的。

---

[1] 杨大勇. 16—17 世纪荷兰的崛起与资本市场［J］. 史学理论研究，2016（1）：118.

荷兰人有一句话："我们只是不想为了所谓的尊严而丧失重大的利益。"重大利益就是商业利益。正是因为荷兰有重商传统，对商业利益重视、对商业规则重视，才孕育了很多强大的公司，直到今天，大家熟悉的飞利浦、壳牌、联合利华、ING等品牌，都是荷兰的世界级大公司。

重商的思想、氛围，荷兰在今天依然是全世界最自由、最开放的国家之一。荷兰确实很小，但却缔造了现代的金融业，成了第一个资本主义国家。当然，荷兰在原始积累的过程中也使用了很多不为人知甚至被诟病的手段，包括贩卖奴隶。但是瑕不掩瑜，荷兰依然是一个值得尊敬的国家，因为它为人类作出了重大的贡献。

6.4 英国工业革命

6.4.1 英国与工业革命

大英帝国起步晚，但是起点高，它开创了人类全新的文明时期，那就是工业文明时代，它创立的议会制度和宪政开启了全新的国家治理模式，把人类带入了一个全新的文明时期。

英国为什么取得如此高的成就呢？这与它所处的位置有关系。英国是一个大西洋岛国，紧挨着欧洲大陆，具有典型的海洋文明特质。海洋文明的特质是开放性、文化多元性、原创性和进取精神，而表现出来就是大胸襟、大气魄、人性化，仅凭这几点，就足够让大英帝国繁荣起来。

为什么英国会取得如此高的成就呢？这源于一次历史机遇。

前面讲十字军东征的时候说过，十字军东征打垮了两个最重要的国家——拜占庭帝国和塞尔柱帝国，奥斯曼帝国趁机崛起。奥斯曼帝国横在欧亚两洲之间，阻挡了欧亚陆上贸易的必经之路——丝绸之路，而欧洲对东方，特别是中国的奢侈品又非常神往，对瓷器、丝绸、茶叶、香料这些奢侈品的需求非常迫切，摆在欧洲人面前的只有两条路，要么战争，要么寻找新航道，结果欧洲人选择了新航道。

而新航道的先驱者是葡萄牙，葡萄牙成功地开辟了一条欧亚新航线，绕过非洲到了亚洲。新航道的开辟意味着商贸路线和中心发生转移，由陆路变成海路，中心由地中海转移到大西洋，自然而然，历史机遇的天平也发生了倾斜，由地中海沿岸国家倾斜到大西洋沿岸国家，而英国恰恰就在大西洋的中心地带，所以有了天然的地缘优势。

英国果然不负众望，在葡萄牙、西班牙崛起之后，英国也开启了海外贸易，并迅速强大起来，甚至超越了西班牙。英国皇家海军 1588 年打败了西班牙的“无敌舰队”，从此以后横行海上，几乎打败了所有的海上强国，缔造了称霸世界的海上传奇。在数百年的岁月里，大英帝国的财富和荣耀都源自海洋。大英帝国的皇家海军也将英国从欧洲的边缘推向世界中心，伦敦成为全球仰望的大都市，英国一不小心成就霸王帝业。但是，接下来大英帝国进行了一次伟大的嬗变，完成了引领世界文明的不朽伟业，那就是工业革命。

第一次工业革命发生在 18 世纪 60 年代，策源地就在英国，以珍妮纺纱机的发明为标志，以蒸汽技术为内容，它开创了以机器大生产代替手工劳动的时代，这不仅是简单的技术变革，还带来了一场深刻的社会变革。

通过第一次工业革命，世界各国之间的距离变短了，联系更加紧密了，世界真正开始了全球化进程。而且，这次工业革命确立了资产阶级对世界的统治，率先完成工业革命的英国成为杰出代表，成为世界的霸主，引领人类进入一个新的时代，那就是工业文明时代。工业革命是人类诞生以来抽象思维的第一次完美展示，人类从现实生产中解放出来，实现机器大生产。

在工业革命之前，英国在欧洲并不算强大，但是在 1850 年，英国的工业产值占世界总产值的 39%，贸易额占到世界总量的 21%，铁路里程占到世界总里程的 50%，在世界的远洋航船中，一多半属于英国。这就是工业革命给英国带来的巨大变革。

工业革命爆发，新的经济增长点萌生。在跨国公司所主导的大规模生产、大规模消费国际体系下，产权保护、法治、泰勒制、福特制等制度创新动能，推动经济增长加速。全球化资源配置与组织模式推动着工业文明走向成熟，国家治理由权威型向共治型转型。

工业革命开启了现实客观世界人类文明发展的新方向，也是发展的新动力。当然，这一切都需要抽象思维。抽象思维表现为创造能力、创意设计、经验传承、文化传承、语言传播及形成等。

马克思曾经说，人与动物的根本区别是能否制造和使用工具。在其中，有没有抽象思维能力至关重要。如果有抽象思维能力，就可以制造出非常复杂的工具；没有抽象思维能力，就无法制造工具，即便制造出来了，也难以创新升级。抽象思维就是要摆脱现实、客观的世界，形成一个本来不存在但可以创造出来的理念，比如文化、等级观念、股票、货币等，这些概念本身在自然界是不存在的，还有政府管理体系、信用体系、宗教等，也都不是人类与生俱来的，工业革命是人类诞生以来生产方式的变革，这一切都是人类文明发展的成果。

6.4.2 工业革命的发展过程

工业革命最早在英国开始，也最早在英国完成，开始的标志就是1765年纺织工兼木匠的哈格里夫斯发明了珍妮纺纱机。但是真正代表第一次工业革命成果的是瓦特改进的蒸汽机，蒸汽机使得蒸汽成为一种人类可控的动力，参与人类的生产和生活。

工业革命始于英格兰中部，后来传遍整个英格兰，19 世纪 20 年代，机器和蒸汽动力开始在法国、美国等国家得到大量使用，之后不断扩散到德国、俄国等诸多国家，第一次工业革命在各地相继开花。这是人类第一次用抽象思维建立的天堂。

为什么工业革命会在英国开始？主要原因有三点：

第一，英国打败了西班牙的“无敌舰队”，开始取得世界海上贸易的主导权，多年的海外贸易和殖民掠夺，为英国积累了大量的原始资本，同时英国开拓的诸多殖民地又提供了非常广阔的原材料产地和海外市场。这些都要求英国加大生产，提升供给能力。

第二，英国的手工业一开始就比较发达，在手工业时期积累了很多经验，这些经验为后来进行机器的发明与创造奠定了很好的基础。

第三，英国通过圈地运动导致了大量劳动力闲置，这为工业革命的开展提供了大量的廉价劳动力，也扩大了英国国内市场。

工业革命从诞生到现在大致进行了四次。第一次始于 18 世纪 60 年代的英国，由手工业逐步过渡到机器大生产。到了 19 世纪上半期，机器生产机器，标志着工业革命完成。在这个时期，人类最大的成果就是改进了蒸汽机，蒸汽动力成为社会生产生活的主要动力，所以这个时期称为蒸汽时代。

伴随着第一次工业革命和资本主义的迅速发展，欧洲在物理学（包括发现能量守恒与转化规律，电磁感应现象）、生物学、化学等自然科学方面也取得了巨大进步。在此基础上，从 19 世纪 70 年代开始，西方资本主义国家涌现出了一系列新的发明与创造，并将其应用于工业生产和社会生活。这个时代有三个方面的表现最为突出：第一，新能源的开发利用，最主要的是电力和石油；第二，内燃机和新的交通工具的发明和使用；第三，新通信方式的发明和使用。因为电力的广泛使用是这个时代最突出的特征和现象，所以把这个时代称为电气时代。这个时代的重大科学成果包括爱迪生发明的电灯泡、莱特兄弟飞机试飞成功、贝尔发明的电话，卡尔·本茨发明的汽车、特斯拉发明的无线电，等等。

到了 20 世纪四五十年代，特别是“二战”之后，出现了一大批新的科技成果，原子能、电子计算机、微电子、航天技术、分子生物学、遗传工程等纷纷登场。这个时期最具划时代意义的就是计算机的出现。计算机的使用和互联网技术是现代信息技术的核心，为知识经济登临历史舞台奠定了非常坚实的基础，所以这个时代称为计算机时代或者第三次工业革命。

之后就是第四次工业革命，直到今天都在进行，还没有完全结束。现在正在进行的工业革命的标志是人工智能、量子计算。特别是人工智能，美国实施“工业互联网”战略，德国进行“工业 4.0”项目，在制造业中，参与者的角色、制造的理念模式都发生了根本改变，最大的改变就是信息技术渗透其中，打破了传统的生产流程、模式和管理方式，生产制造的过程与业务管理系统深度集成，对生产要素高度灵活地配置，开始了大规模的定制式生产，也就是个性化生产。个性化生产的特点就是生产要素的变迁，由资本驱动、资源驱动变成信息驱动。

6.4.3 英国的殖民地

英国不仅为世界贡献了珍妮纺纱机、蒸汽机，贡献了培根等著名哲学家、莎士比亚等著名文学家，更重要的是英国为世界贡献了现代企业制度，包括个人业主制、合伙制和股份制等，还为人类贡献了自由竞争的古典市场经济学，包括以私人产权为基础的企业组织。此外，英国还为人类贡献了议会制度。议会制度标志着王权转移到议会，开启了民主时代，实现了通过非暴力手段，使社会从封建专制到民主与宪政的过渡，具有划时代的意义。

英国曾经殖民世界，对中国发动过鸦片战争，参与过八国联军入侵中国，还火烧过圆明园，对中国犯下的罪恶可谓罄竹难书。客观来说，英国是一个有着不光彩历史的国家。

到第一次世界大战爆发之前，英国的殖民地面积达到 3350 万平方公里，相当于全球陆地的四分之一，占到全球殖民地的 50%，相当于英国本土面积的 100 多倍。因为殖民地太多了，总是能在某个地方看到太阳升起，所以英国又被称为“日不落帝国”。

在温莎城堡可以感受殖民帝国的直观面貌。温莎城堡从 12 世纪以来一直都是英国国王的主要行政官邸之一，现任英国女王伊丽莎白二世每年相当多的时间到那里度假。温莎城堡一进门就是一幅很大的地图，地图上标着当时英国殖民地的面积，世界上几乎最重要的地区都有它的殖民地，来自全球殖民地的贡品充满了整个城堡，精美绝伦。城堡里这样的贡品有 100 多万件，在这 100 多万件里面有很多中国的青花瓷和字画，有一些是赠送的，比如慈禧太后曾经给英国皇室送过条幅。但是有一些古董的来源不清，可能是抢过来的，也可能是买过来的。整个温莎城堡的每个房间都是一个精美绝伦的艺术品展厅。

但是曾经的日不落帝国，因为“二战”也走向了衰落。继英国之后崛起的是一个新兴的国家，那就是美国。美国和英国的关系非常紧密，因为美国早期移民基本都是从英国出发到达北美的，特别是从英国乘坐“五月花”号来的清教徒影响尤为巨大。而且，美国曾经是英国的殖民地，美国的文化、教育各个方面都承袭自英国。

这就是长江后浪推前浪，美国把英国拍在了沙滩上。“二战”之后，众多殖民地纷纷独立，但是英国又建立了英联邦，大多数的殖民地纷纷加入这个组织。这并不是因为它们甘愿受制，英联邦这些国家虽然被英国殖民几十年、上百年甚至几百年，但是英国对它们基本上都是执行怀柔政策，把现代的教育、科技、政治体制带到当地，客观上促进了当地的发展和现代化。

6.4.4 欧洲的崛起与衰落

欧洲全程参与了四次工业革命。在前两次工业革命过程中，欧洲成就了自己，统治了世界，确实给人类带来了巨大的变化，甚至是惊天巨变。在巨变的过程中，欧洲通过工业革命变得更加强大，强大的欧洲加强了对全球的殖民掠夺。但是，随之而来的也是深重的灾难，有无尽的梦想，也就有无尽的杀戮。第一次世界大战、第二次世界大战，就是利益分配不均而导致的全球性战争。在这个过程中，工业革命给人类带来了荣耀，带来了财富，也带来了屈辱。所以，那两个时期是强者的天堂、弱者的地狱。这是人类最好的时代，也是最坏的时代。

欧洲在工业革命过程中完成了历史赋予的使命，我们清晰地看到了欧洲的兴，同时也看到了欧洲的衰。欧洲之兴是因为第一次工业革命、第二次工业革命，乃至第三次工业革命，但是到了第四次工业革命时期，欧洲已经开始衰落，主导工业革命的不再是欧洲，而是美国和新兴的经济体，最主要的是中国，还包括印度、俄罗斯、巴西这些金砖国家。

欧洲是工业革命的倡导者、发起者。工业革命初期是以资本为第一生产要素，所谓的生产要素都是由资本驱动的。但是到了第三次、第四次工业革命时期，资本已经不是核心要素了，信息、智能成为新的动力。所以，资本的衰落必然导致资本主义的衰落，与资本主义相配套的制度由先进的变成了落后的，欧洲的衰落是必然的。

欧洲完成人类历史所赋予的工业革命使命，工业革命带给人类惊天变革，有深重苦难，有无尽杀戮，还有无尽的梦想、荣耀、财富与屈辱，造就了最好的时代，也是最坏的时代。

当前的欧洲由于体制因素开始衰落，主要问题在于治理机制阻碍了生产力发展。尼尔·弗格森提出，代议制政府、自由市场、法治和文明社会，这些原本是西欧和北美社会的四大支柱正在衰落，经济增长放缓、债台高筑、效率低下、人口老龄化问题、反社会行为等不一而足。欧洲衰落，衰在资本已不再是第一生产力，生产要素由资本驱动改变为信息驱动，资本的衰落也必然导致资本主义的衰落。

6.5 欧洲陆地文明国家崛起

6.5.1 法德争霸

英国原来在欧洲大陆腹地也有很多领地，但是从 1337 年到 1453 年，法国和英国进行了长达 110 年的战争，彻底把英国赶回了英伦三岛，英国就与欧洲大陆腹地诀别，欧洲腹地的大国就剩下了法国和神圣罗马帝国，后来神圣罗马帝国中的普鲁士王国承担起了德国统一的重担，并与法国争夺欧洲大陆霸权而爆发战争。

大国之间的关系，特别是内陆国家，特别强调占有、归属。法国和普鲁士就是这样的国家，两个国家相持不下，终于在 1870 年爆发了著名的普法战争。1871 年，普法战争结束，法国失败，向普鲁士割地赔款，自此两个国家的恩怨，一直到第二次世界大战期间才彻底见分晓。

6.5.2 法国对人类的贡献

如果只分析两个陆地国家的争霸，不足以从文明史的角度来考察这两个国家的价值。从文明史的角度来分析，法国对人类文明作出的最重要的贡献就是 18 世纪法国资产阶级革命以前的启蒙运动。

法国的启蒙运动是继文艺复兴之后在欧洲历史上出现的第二次伟大的思想解放运动，强调反蒙昧、反专制、反封建迷信、反传统旧思想。既然破，就要立。其核心思想是“理性崇拜”。这次运动有力批判了封建专制主义、宗教愚昧及特权主义，宣传了自由、民主和平等的思想，而这样的思想让整个欧洲大陆获得了醍醐灌顶般的觉醒。

当时著名的思想家如伏尔泰、孟德斯鸠、卢梭等人都提出了反封建的新思想。比如，卢梭发表《社会契约论》《论人类不平等的起源和基础》。孟德斯鸠发表《波斯人的书信》或《波斯人信札》。书中强调，君主不能给自己的臣民创造幸福的生活，反而想压迫毁灭他们，那么臣民就没有服从的理由。这句话很像中国董仲舒的话，“君权天授”，但是君必须“顺天应民”服从天道，天道就是关怀民生、关注民生。孟德斯鸠在另外一本书《论法的精神》里论述了三权分立制，即立法权、行政执法权、司法权三权相互分离、独立，这一点其实不是他的原创，而是传承了英国的君主立宪制，尤其是发展了英国思想家洛克的分权理论。

启蒙运动在政治上、思想上、理论上为法国乃至整个西方后来的经济、社会的高速发展奠定了思想和理论基础，极大影响了 1789—1794 年的法国大革命，使法国走上了资本主义道路，从此迈入近代文明。文艺复兴成就了整个欧洲大陆，启蒙运动开启了一个新的时代，这就是它的价值。

6.5.3 德国对人类的贡献

德国对人类的贡献有哪些呢？令人印象深刻的有三点：哲学家、军事家和科学家。

德国的哲学家如康德、马克思、黑格尔、尼采、叔本华、海德格尔等个个都是大师级别的。康德作为启蒙运动顶峰时期著名哲学家，人类思想史上著名的体系性哲学家，可以说是“姜太公在此，诸神退位”。

德国的军事家也非常有名，如克劳塞维茨、老毛奇、曼斯坦因、布里希尔、沙恩·霍斯特、古德里安等。当然，曼斯坦因、古德里安是“二战”时纳粹的军官，但他们是军事战略、军事战术方面的艺术家。战争总是残酷的，但正义的战争必须得到鼓励和支持，没落陈腐的制度不会自动退出历史舞台，必须通过革命，也就是武装革命来推翻。也必须支持反侵略的战争，这是反压迫、争自由、求独立的正义之举，为此产生的军事家值得我们尊重！

德国的制造业也同样令人印象深刻。德国有很多科学家，在科研上创造了一系列奇迹。德国制造可以追溯到第一次工业革命，但是德国起步比较晚，19 世纪三四十年代才开始工业革命，70 年代末才结束。德国赶上了第二次技术革命，所以德国是在第一次和第二次技术革命过渡期进行工业革命的国家。这样的好处是，德国很好地规避了第一次工业革命的弊端，对第二次工业革命的先进科技又在第一时间内加以利用。有了这次工业革命，再加上 1871 年俾斯麦统一德国，德国由一个落后的农业国家发展成为一个先进的工业国家。19 世纪末 20 世纪初，德国钢铁产量超过英国，机器制造业领先英国，到 20 世纪初成为世界上最大的机器出口国，截止到今天，德国制造依然享誉全球。

德国是如何从一个起步晚、底子薄、长期分裂的国家成为一个工业大国的呢？在其中起到关键作用的就是俾斯麦，他统一了国家，建立了民族认同感，这种民族认同感使德国一直有种优越感，这种优越感来自俾斯麦当时的普鲁士军国主义，这种军国主义使德国成为欧洲富有侵略性的国家，一旦自身利益受挫，或者它的军事力量很强大，它就跃跃欲试，要瓜分新的利益，第一次世界大战就是在这样的背景下发生的。

后来，德国不满于第一次世界大战的结果，不愿意承担战败的责任，要重新进行国家地位的塑造和利益格局的重新划分，甚至妄想统治整个人类，于是发动了第二次世界大战，因为它骨子里有这种军国主义。当然，“二战”之后德国人也开始进行文化的反省，现在德国军国主义基本完全退出了历史舞台。

7 冲突与融合

7.1 第一次世界大战改变了整个世界的格局

7.1.1 第一次世界大战的起因

在整个工业革命时期，德国是在第一次工业革命和第二次工业革命过渡期进行工业革命的国家之一。特别是在第二次工业革命期间，德国竟然成为引领者。比如，德国人西门子制成了世界上第一辆有轨电车；卡尔·本茨制造出了世界第一辆马车式三轮汽车。所以，在第二次工业革命期间，德国人的表现特别突出；再加上德国完成了统一，所以德国经济迅速发展，在钢铁产量上还超过了英国。

德国发展强大以后，环顾四周，亚洲、非洲、拉丁美洲几乎被前期的列强——包括葡萄牙、西班牙等——瓜分一空，所以德国人要求对世界势力范围重新进行划分，重新进行一次全球霸权的排列组合。

在名次排列的过程中，英法两国都和德国产生了矛盾。在普法战争中，法国人战败，法国在西欧和中欧的霸主地位都让给了德国。所以，法国人积怨难平，当德国要求重新划分殖民地时，法国第一个站出来反对。英国对德国更不满意，因为英国自诩是老牌资本主义国家，是“日不落帝国”，认为德国作为一个新兴的小国竟然要求与贵族同席享受饕餮盛宴，敢要求重新划分殖民地。但是德国不这么认为，德国认为英国已然衰退，本国必须要求得到相应的地位和尊严。

此外，沙俄和奥匈帝国也存在矛盾，它们的矛盾主要集中于巴尔干半岛的主权归属问题。这两个国家都想控制巴尔干半岛，两虎相争，必然会有一场不可调和的战争，只差一个导火索。1914 年 6 月 28 日，两国之战爆发了。当时塞尔维亚要举办全国庆典，邀请奥匈帝国的皇储斐迪南大公夫妇去观礼，结果一个塞尔维亚青年普林西普对他们连开几枪，夫妇二人双双毙命。奥匈帝国在德国的支持下，于 7 月 28 日向塞尔维亚宣战。第一次世界大战爆发。一个月后，德国、俄国、法国、英国也加入了战争。日本也向德国宣战，出兵占领中国山东。随后原属同盟国的意大利转入协约国阵营，加入大战。美国、中国等国加入协约国阵营，土耳其、保加利亚则加入同盟国阵营，世界大战的规模越来越大，战线越拉越长，以欧洲为主战场，战火遍及欧、亚、非三洲。

7.1.2　第一次世界大战的影响

第一次世界大战给人类带来了空前的浩劫，参战国之多前所未有，历时四年三个月，包括中国在内的 30 多个国家、15 亿以上的人口卷入战争，战场上死亡的军人达 900 万人，伤 2000 万人，直接经济损失 1805 亿美元，间接经济损失 1516 亿美元，历史上从未发生过如此惨烈的战争。第一次世界大战的影响主要表现在以下几个方面：

第一，削弱了帝国主义的力量。因为新的武器出现在第一次世界大战战场上，飞机、大炮、坦克、毒气都用到战争中，每一场战争都是一部绞肉机。近 3000 万人的伤亡带来的是整个世界格局的变化。英国、法国和意大利的实力被削弱了，整个欧洲的实力全面下降，而远离战场的美国、日本奋起直追，所以美日两国的崛起与欧洲的衰落几乎同时发生。

第二，曾经地跨欧、亚、非三洲的奥斯曼帝国在这场战争中失败，英、法、意等战胜国开始瓜分奥斯曼帝国的领土，奥斯曼帝国面临亡国的民族危机，引发了凯末尔领导的以反对帝国主义侵略、捍卫民族独立主权和建立民主国家的资产阶级革命，废除了哈里发。哈里发是奥斯曼帝国的继承者、代理人，是整个伊斯兰世界的宗教领袖。从 1517 年到 1922 年的几百年里，都是奥斯曼的哈里发统领伊斯兰世界。经过这场革命，持续了

1300年的哈里发制度宣告终结。从此以后，伊斯兰世界群龙无首，至今将近一百年。这一百年里伊斯兰世界各国相互攻伐，造成了当今伊斯兰世界的不安定，这就是第一次世界大战带来的深远影响。

第三，俄国先后取得了二月革命和十月革命的胜利，结束了沙皇君主专制的统治，建立了第一个无产阶级专政政权——俄罗斯苏维埃联邦社会主义共和国，简称苏俄。十月革命的胜利，为世界各国无产阶级革命、殖民地和半殖民地的民族解放运动开辟了道路，促进了马克思主义在世界各地的传播。在中东地区的土耳其、巴勒斯坦，在远东的中国以及中国周边的印度、朝鲜、越南这些国家，马克思主义得到了迅速的传播。马克思主义也传到了拉丁美洲的墨西哥、尼加拉瓜、阿根廷这些地方。全世界形成了声势浩大的马克思主义传播阵营。社会主义革命的高潮一波接一波，这也造成了日后以苏联为首的“华约”和以美国为首的“北约”两大阵营的争霸，这就是美苏争霸，只亮肌肉，不动拳头，所以也称为冷战。

第四，促进了民族觉醒。沙皇政权倒台后，原来辖下的波兰、芬兰宣布独立，波罗的海沿岸的爱沙尼亚、拉脱维亚、立陶宛也宣布独立，原来属于奥匈帝国辖区的捷克斯洛伐克、奥地利、匈牙利、南斯拉夫纷纷独立，建立了新的国家。

第一次世界大战本来是欧洲列强的一次争霸战、一次利益的再分配，却导致了整个世界格局的变化，这恐怕是当年那些战争的策动者、发动者始料不及的。

7.2 第二次世界大战暴露的人性缺陷

7.2.1 人类与其他动物的区别

第二次世界大战暴露了人性的“基因”及其缺陷。由于资源的稀缺性，人和其他动物进化的方向首先都是为了维系生存和繁衍这两大战略目标。所以，为了生存和繁衍，竞争生存空间，“自私”就潜入了人类的“基因”，成为了人类的本能，而且代代传续。但是，由于文明的出现，人类又和其他动物分道扬镳了，人的终极任务不再是简单的生存和繁衍，还有文明的创造与传承。

宇宙是无休无止的，每一个星球都是有寿命的，这是科学家、天文学家的发现。人类居住的星球早晚有一天会寿终正寝，人类其实只是宇宙的过客。既然人类最终会走向消亡，那么活着的意义是什么呢?

其他动物不会考虑这些问题，因为活着就是它们全部的意义。而人类不是如此，因为人类有文化、有思想、有意志。以这样的视角来思考第二次世界大战，去感悟人类的价值和人性的“基因”，这才是本研究的关键所在。

7.2.2 人类的自私“基因”

1945 年 1 月 27 日，苏联红军攻入了著名的奥斯威辛集中营，当时的场景震撼了所有人，他们看到的是 7650 个瘦弱的大屠杀幸存者。除此之外，他们还看到了 1.4 万条用人的头发编织的毛毯、35 万件女装、4 万双男鞋、5000 双女鞋、7.7 吨头发以及几十箱的戒指与金牙，这就是苏联红军在奥斯威辛集中营所看到的，极为恐怖。

从 1940 年到 1945 年 1 月，特别是在 1944 年，奥斯维辛集中营每天都要杀害、焚烧 6000 人，剥下的人皮被做成灯罩，女人的头发被剪掉，编织成地毯，有些人的脂肪被做成肥皂，这些都在耶路撒冷犹太人大屠杀纪念馆中有展示。

耶路撒冷的犹太人大屠杀纪念馆展示的数据、画面，让人感到特别悲痛。整个大屠杀纪念馆是三角形结构，因为以色列国旗上大卫星是六角，在“二战”期间的大屠杀中，全球一半的犹太人被屠杀了，所以犹太人用三角形悼念那些死难的同胞。

经过第二次世界大战，波兰原有的 350 万犹太人只剩下 7 万人，德国和奥地利原有的 33 万犹太人仅剩下 4 万人，捷克斯洛伐克原有的 35.6 万犹太人只剩下 1.4 万人，整个欧洲 600 万犹太人死在了希特勒的屠刀之下，其中包括 100 万名儿童。

在死难儿童纪念馆幽暗的长廊里，四周一片黑暗，三根蜡烛被镜面折射出无数的光影，犹如夜空中的繁星，没有图画，没有图像，只有广播里不断播放着的每一个死去的孩子的姓名和年龄，悲惨的气氛让人揪心。

除了犹太人，纳粹还系统地屠杀过吉卜赛人以及同性恋者、盟军的战俘，还有被占领的国家的高层人士——最主要的是知识分子。

犹太人在欧洲生活了两千年，从长相上根本无法分辨他们和其他欧洲人，那么纳粹是怎么辨认出犹太人的呢？在纳粹的占领区，很多犹太人是被自己的邻居指认和举报的，举报的原因各种各样，有的是迫于压力，但有很多是主动举报，就是为了获得这些犹太人的房产，甚至是私产。

那么，其他政府的表现如何呢？事实证明，第二次世界大战前夕，也就是 1939 年初，有一艘载满犹太人的难民船从欧洲出发，这艘船叫作“圣路易斯”号，要去美洲避难。但是沿途遭到古巴、美国和加拿大集体拒绝入境，这艘载满犹太人的难民船迫于无奈，驶回了欧洲，其中有 619 人在比利时的安特卫普登陆，进入比利时、法国、荷兰，但是次年纳粹入侵这三个国家，这一部分犹太人几乎都被投入了死亡集中营。本来可以逃出生天，却又返回了地狱，这是之前拒绝犹太人入境的政府的自私所致。

在波士顿的犹太人屠杀纪念碑前有这么一段话：“当纳粹来抓共产党人时，我保持沉默，因为我不是共产党人；当他们来抓犹太人时，我保持沉默，因为我不是犹太人；当他们来抓贸易工会主义者时，我保持沉默，因为我不是贸易工会主义者；当他们来抓天主教徒时，我保持沉默，因为我是新教徒；当他们来抓我时，已无人替我说话了。”这就是人性的缺陷，这就是自私的“基因”的表现。

7.2.3 人类的原始兽性

另一个反映人性缺陷的事情也发生在第二次世界大战期间，那就是著名的南京大屠杀。南京被日军攻破之后，遭到的集体屠杀多达 28 次，19 万人被屠杀；零星的屠杀达到 858 次，死亡人数为 15 万人。整个南京被破城之后，有记录的被屠杀的民众多达 34 万，而这些人大部分是手无寸铁的普通民众。

更令人气愤的是，在 1937 年的 11 月 30 日，日本的《日日新闻》，也就是今天的《每日新闻》，竟然报道两个日本军官的杀人比赛，其中一个叫野田的军官杀了105人，另外一个叫向井的军官杀了106人。❶

其他动物捕猎是以生存为前提的，但是只有人类才会进行残忍的杀人比赛和种族屠杀。人类如果不进行人性的培养，是不如禽兽的，特别是在极端主义的熏陶之下，人一旦失去理性，失去人性，失去独立思考，真的就禽兽不如。日本的军国主义和皇道主义就是培养如此残暴行径的温床。

这就是第二次世界大战展现的人性的缺点，在这次战争中，从欧洲到亚洲，从大西洋到太平洋，先后有60多个国家和地区、超过20亿人口被卷入战争，整场战争中伤亡人数多达9000万。挑衅和发动战争的就是轴心国德国、日本和意大利，而奋起反抗的是同盟国的阵营：美国、苏联、英国、中国等国。这与第一次世界大战有着本质的区别，第一次世界大战是欧洲列强因为利益分配不公而挑起的战争，第二次世界大战是正义与邪恶的较量，是人性与兽性的较量。在这次战争中，以美国、苏联、英国和中国为代表的反法西斯国家组成的同盟取得了最终的胜利，这是人性的胜利，是正义的胜利。

7.2.4 人类的脆弱与盲目

当然，这场战争也体现出了人性的脆弱，第二次世界大战是人类历史上最血腥、最恐怖的梦魇，它带给我们的沉思还有很多。

一个没有任何政治经验、没有金钱、没有政治背景的外国人，从1920年到1934年，用了14年的时间，从一个默默无闻的一战退伍士兵，成为德意志帝国的元首，这个人就是希特勒。希特勒是不是一个十恶不赦的人？据历史记载，他十分自律，平时爱阅读，举止还很高雅。正是因为他的私德迷惑了很多人，再加上他邪恶的才华，很多崇拜者纷纷而至。

德国历史学家斯托卡尼曾经写到，希特勒最可怕的地方就在于他具有作为一个伟大领袖所能具有的一切品质，却缺乏作为一个普通人哪怕是最起码的一丝良知。希特勒的宣传部长戈培尔曾经说道：“所有问题——遗

❶ 吴建宁．一把日军“百人斩”凶刀的追踪调查［J］．钟山风雨，2018（2）：8.

留的、现存的、将来的，元首都解决了，他敏锐，他思索，他决断，仿佛全能的上帝，平凡而伟大。”希特勒在当时的整个德国几乎是神，等同于上帝。

希特勒在得到全德国的拥戴之后说过这么一句话：“将来当我抚摸着五色缤纷的地球仪时，上面只有一个国家。”当然，他说的这个国家就是德国。

希特勒是一个狂人、一个病人，而且是严重的精神病患者。他这样的人，竟然在当年得到全民拥戴，以民主的方式上台执政。所以民众利令智昏的时候是盲目的、缺乏理性的、没有独立思考能力的，这才是那些战争狂人能够兴风作浪的根本原因所在。

有历史学家曾经做过一个统计。从最早的战争算起，从公元前3200年到1964年，在这5164年中，世界上前前后后共发生过14513次战争。而没有战争的年代是多少年？只有329年。这些战争总共导致了约36.4亿人丧生，[1] 这说明民众的盲目不是偶然的，而是常态；人类的自私不是偶然的，也是常态，而民众的盲目与盲从恰恰是自私造成的。

希特勒蛊惑民众，对德国的民众做出很多承诺，让他们得到利益，得到未来的幸福，民众于是忘乎所以，去拥戴一个精神病患者，发动了一次惨绝人寰的世界大战。

7.2.5 第二次世界大战的启示

英国皇家科学院院士、牛津大学教授道金斯曾经写过一本书为《自私的基因》，他在书里提出：我们以及其他的一些动物都是各自“基因”造成的机器，成功“基因”的一个突出的特征就是无情的自私性，在某些特殊的情况下，也会滋生一种有限的利他主义。

笔者不完全赞同这种观点，但本人确实认同人类的“基因”是有缺陷的，人类的“基因”中有自私，有盲从，有恐惧，有贪婪……怎样来完善“基因”呢？只有理性主义才能弥补人类“基因”的漏洞。

---

[1] 邢静．历史上最短暂的战争［J］．军事史林，2011（9）：61－64．

“基因”中的不足被精神病患者、狂人所利用，这在前面有关柏拉图与他的《理想国》的章节里做过探讨。乌托邦式的设想，凡是宏大、完美、整齐划一的假想都脱离人性，没有看到人性“基因”的缺陷，一旦实践就是一场人类的灾难。这就是第二次世界大战给人类文明带来的启示。

7.3 “冷战”时期的美苏争霸

7.3.1 美苏争霸的三个阶段

美苏争霸发生在20世纪50年代到90年代，四十多年里美苏两个超级大国在政治、军事、经济、文化、外交等各个领域展开了针锋相对的殊死较量，国际局势随着它们的争霸风起云涌、变幻莫测。

四十多年的争霸大致分三个阶段：第一个阶段从50年代中期到60年代初，特点是双方互有攻守，有缓和，有争夺；第二个阶段从60年代中期到70年代末，特点是苏联的经济蒸蒸日上，处于攻势，美国由攻转守；第三个阶段从80年代末到90年代初，美国推出“星球大战”计划，苏联跟进，结果经济被拖垮，被迫解体。美苏争霸至此结束。

7.3.2 美苏争霸的开端

美国最先挑起了美苏争霸。1947年3月，当时的美国总统杜鲁门提出，美国国会拨款4亿美元援助希腊和土耳其，帮助两国政府镇压国内的人民革命运动。第二次世界大战结束以后，社会主义在世界上引起了极大的反响乃至好感，很多国家跃跃欲试，这时候的美国总统杜鲁门把各国共产主义的浪潮看作极权主义的扩张，并提出共产主义运动和任何国家的民族民主革命都危害着美国的安全，美国必须承担起领导“自由世界”的使命，这就是“杜鲁门主义”。所谓的“杜鲁门主义”就是美国通过干涉别国内政，在全世界抑制共产主义的发展和各国的民族民主运动，进而扩张自己的势力，杜鲁门主义是美国对外全球扩张的宣言。美国政府的这种行为引起了苏联的极大反感和抵触，于是美苏争霸拉开序幕。

美苏一开始在意识形态上尖锐对立，接着在经济上相互封锁，后来是在军事上相互对抗。1949 年，美国牵头成立了“北大西洋公约组织”，1955 年，苏联牵头成立了“华沙条约组织”。北约、华约两大军事集团展开对抗，这就是美苏对抗的标志。

虽然这两大军事集团冲突、分歧非常严重，但双方都知道不能轻易开战，一旦开战就是两败俱伤，因为双方的核武器足够把人类毁灭十几次。所以，双方尽可能保持克制，通过如古巴导弹危机、朝鲜战争、越南战争、阿富汗战争等局部战争来展现彼此的军事优势。

除了军事战争，双方还展开了军备竞赛，核武器竞争、洲际导弹竞争、太空计划竞争，以太空争夺、外交争夺、军备竞赛、科技竞争等冷战方式，相互遏制又不直接诉诸武力。

所以，美苏争霸的特点就是冷战，实质就是美苏这两个国家进行世界霸权的争夺，推行各自的强权政治。

7.3.3 美苏争霸期间的中国

新中国建立之初，奉行“一边倒”的外交政策，倒向苏联领导的社会主义阵营，但是到了 20 世纪 50 年代末，中苏关系逐渐破裂，于是在美苏争霸的中期，中国与美苏两国同时处于对峙状态。

中国经受了很严峻的考验，同时也利用美苏争霸这段时间获得了战略发展的空间。到了 20 世纪 70 年代初，深陷越战泥潭的美国为了扭转与苏联争霸中的不利局面，主动向中国示好。1972 年美国总统尼克松访华，中美发表《上海公报》，两国关系开始正常化，再到 1979 年中美双方建交。这就为中国赢得了外交的战略空间。

到了 80 年代，苏联陷入阿富汗战争的泥潭，在与美国的争霸中处处被动，因为经济实力较差，所以开始全面收缩。苏联这时候也主动向中国示好，中苏关系开始缓和。1989 年 5 月，戈尔巴乔夫专门访华，中苏关系实现了正常化。

7.3.4 美苏争霸的方式

美苏两大集团的斗争主要表现在以下三个方面：

第一，意识形态和社会制度方面的斗争。双方都认为自己的制度是最好的，所以要消灭对方的制度，用自己的制度统领对方的制度，这就引发双方在意识形态和制度方面的斗争。从这个角度来分析，双方都是错误的。人类社会千差万别，社会形态、治理模式、国家政权的组成不是一成不变的，全世界没有一个统一的模式。所以双方都想让对方采用自己的模式，强加于人，本身就是霸权表现，是错误的、违背规律的。

第二，经济上的斗争。1947 年，在杜鲁门授意下，国务卿马歇尔开始实施美国对欧洲的经济援助计划，即“马歇尔计划”，美国援助的对象是英、法等西欧国家，意图通过西欧经济的复兴，在经济上对抗以苏联为首的社会主义国家。为了对抗美国，加速东欧和苏联经济的恢复和发展，苏联牵头组织了“经济互助委员会”。另外，在美苏经济对抗的背景下，从 1946 年开始，苏联开始了第四个“五年计划”，获得了快速的发展，所以认为计划经济比自由经济要好，超过美国指日可待。但其实第四个、第五个“五年计划”取得较大的成果，是因为苏联的起点比较低，发展空间比较大，快速获得发展是历史本身和本国经济基础多方面因素的综合结果。从后来的经历也可以看出，实施这种高度计划经济的社会效率很低，甚至影响了社会经济的发展。

第三，军备竞赛，从常规武器到高精尖武器，到核武器，到最后的“星球大战”计划、太空战争。1981 年里根出任美国总统，于 1983 年提出了“星球大战”计划，苏联不明就里，宣布跟进。这种以高科技为核心的新一轮军备竞赛，使两个国家都投入了大量的经济力量，只不过美国的经济状况比苏联好，所以苏联最终衰落了。苏联被迫开始裁军，全面收缩，但为时已晚。1991 年 12 月底，苏联被迫解体，美苏争霸的局面彻底结束。

7.3.5 美苏争霸的启示

美苏争霸带给人类文明的启示有三点：

第一点，最大的启示莫过于，人类社会的文明形态是丰富多彩的，但是美苏双方都认为自己拥有世界的真理，都试图将自己的意志和社会制度强加到对方身上，甚至推广到全世界：苏联要把这种社会主义制度复制到全世界，美国也要把自由之旗插遍全球。

第二点，美苏两国过度自信，甚至是膨胀。他们的自信从何而来？客观上，科技进步确实带给美苏两国巨大的自信。特别是当时人类造出了宇宙飞船，进入了太空，登上月球，一下子让这些人忘乎所以，觉得没有做不到的事，所以信心一下子盲目膨胀，认为既然可以征服自然，还不能征服人心吗？

第三点，两个国家对社会科学的理解都是狭隘的。什么是真正的社会科学？就是要尊重一个国家的资源、人文环境、民族心理等各个方面，对社会制度简单地复制和强加不会有成效。忽略历史、地理和社会的背景进行所谓的改造，注定是一场败局。

7.3.6 美苏争霸的影响

这次美苏争霸对中国有什么影响？对中国的影响，在三个阶段都不一样。

在第一个阶段，双方互有攻守，苏联要联合中国，中国也采取“一边倒”政策，这个时候中国确实获得了来自苏联的大量的经济、科技上的援助，中国的经济迅速得到恢复。

到了第二个阶段，中苏交恶，美国在这个时候处于劣势，所以美国为了国家的利益开始拉拢中国，中美邦交正常化，使中国获得了战略发展的空间。

到了第三个阶段，苏联败落、解体，中国承受了巨大的压力，所以中国决定摆脱美国和苏联，走独立自主的发展道路，开始实行改革开放政策，国力逐渐增强。所以，在美苏争霸的过程中，中国发现并利用了战略空间，通过战略空间也确实壮大了自己。

再分析美苏争霸对世界格局的影响。通过美苏争霸，美国确实大获全胜，苏联解体，整个东欧社会主义阵营彻底瓦解，但是并没有出现美国人想象的“西风彻底压倒东风”——全世界实行民主宪政的资本主义的场面，而是世界呈现了多极化格局。全球呈现出开放性的战略格局，意识形态不再是彼此之间的障碍，各国都变得务实了，国家与国家之间不再以意识形态为沟壑、为障碍，合作、发展、共赢成为世界的主流。

7.4 美国的国家衰落周期律

7.4.1 非典型的美国文化

美国只有不足四百年的历史，却成为世界超级大国，不仅经济实力、军事实力全球最强，在创造与发明上也长期雄居世界第一，如第一专利大国、第一诺贝尔奖大国、第一教育大国、第一科技大国。

美国何以如此强大？什么是它兴起的动力？美国成为世界首富已经一个世纪了，为什么美国文化一直保持着草根文化的特色？

7.4.2 美国精神与“五月花”号

美国的崛起，首要在于美国精神。美国的文化和历史始于“五月花”号。文艺复兴时期，欧洲进行了宗教改革。马丁·路德、加尔文针对当时的天主教提出了宗教改革的思想，举起了改革的大旗。但实际上真正参与改革的人在他们国内还是少数派，而且受到了残酷的打压。残酷的打压使得这些清教徒、宗教改革参与者忍无可忍，他们就离开了祖国，去了荷兰，但是到了荷兰以后发现，荷兰虽然宽松，但也不是真正的清净之地，不是留身之所，所以他们接着去更远的地方，到一个没有迫害、没有压迫的地方，于是他们看到了遥远的美洲大陆。

终于，在 1620 年 9 月 16 日，这一批清教徒在当时的牧师布莱斯特的带领下登上“五月花”号，前往美洲。这就是英国移民北美的开始。当时船上有 102 人，有男人、女人，其中还有儿童。成年自由男人只有 41 位。这些人当时跟弗吉尼亚公司签订了移民合同，因为他们向往的是一片自由的土地——再也没有强权，也没有教皇。所以他们面临着如何管理未来社会、未来生活的问题。在船上，这41位成年男子就签订了一个契约，就是《五月花号公约》。

这个公约的基本精神是人民可以有自己的意志，决定自治管理的方式，不再由强权来决定。这其实突出了两大特质：自由人民意志、民主自治管理。所以自由和民主就是《五月花号公约》的核心，开启了后来美国自治的先河。这份公约成了日后美国无数自治公约的样板，也开创了一个自我管理的社会结构。

7.4.3 美国的草根文化

在王权和神权统治的时代，民主的旗帜第一次在人类上空飘扬。因为有了这一点，全球那些受到政治和宗教迫害的人都纷纷奔向这块土地。这里汇聚了来自五大洲、不同肤色、不同语言、各式各样的人群，因为这些人大部分来自社会的底层，是受迫害、受排挤、被主流边缘化的人，所以这些移民里没有贵族，自然也不会有贵族精神。再加上平等的观念深入人心，所以在这样一个群体中形成了一种草根文化。草根文化就是大众文化，美国的一切都是大众化的——大众的政治、大众的消费、大众的文化、大众的心理，等等，没有贵族精神，没有贵族文化，没有贵族气质。草根文化作为美国文化的一种特质延续至今。也正是这种草根文化，使美国活力十足。美国的文化个性鲜明，在全球都是少见的。这种文化多元、个体本位、鼓励贸易的特质，是美国人特有的，具体来说就是开放、豁达、直白。

7.4.4 对于美国未来趋势的判断

透过现象看本质，美国当下虽然相当绚丽，但未来堪忧。美国现在正处于最灿烂的时节，对于美国未来的趋势，可以概括为两点：第一，美国的保守主义将成为主流，欧洲化趋势明显。欧洲完成历史所赋予的使命，由于体制因素，开始衰落。欧洲衰落，衰在资本已不再是第一生产力，生产要素由资本驱动改变为信息驱动，资本的衰落也必然导致资本主义的衰落。第二，美国如果步入保守主义轨道，二十年内经济将停滞不前。

理由很简单：

第一，美国以上帝代言人自居，抱着普世价值观来改造世界，为了这一点，它往往把自己的成功经验强加于人。美国人在一片蛮荒之地建立起一个现代国家，经济、军事、科技各方面都是全球第一，这确实是一个非常成功的典范。但是，任何的成功都是天时、地利、人和各种因素交织的结果，换了时间、空间和环境，结果可能就未必如此。但是，美国人不这么认为，美国人认为他们的成功经验可以在全球复制，三权分立的模式、民主宪政的思想都可以在全球复制。

学习美国的国家很多，但是都成功了吗？菲律宾是完全的美国翻版，从三权分立到民主宪政，在教育、文化各个方面，菲律宾都是对美国体制的全盘复制，但是菲律宾是个现代化的国家吗？是真正的民主国家吗？是一个廉洁高效的国家吗？都不是。印度也是一样。印度号称自己是最大的民主国家，人口最多，但是印度的决策高效吗？政府清廉吗？人民享受到真正的民主了吗？没有。所以，美国以普世价值为口实来干预别国的内政，最终也必然阻碍自己的发展。

第二，美国是靠什么兴起的呢？靠民主与自由，人权至上。但是美国也必然衰退于所谓的民主与自由。因为美国的自由主义极端化、泛滥化；人权被扭曲了，个人至上，弃社会与国家于不顾。这样的自由与民主导致的结果就是欧洲化。

何为欧洲化？比如法国企业如果开除职员，就有人权保障协会、公会交涉，开除职员的成本非常高，要赔偿几年甚至十几年的工资，平时员工都不加班，因为自由至上。法国人特别注重生活的品质，享受生活是最重要的，可以不要工资，但是要更高的福利，公司不给福利，他们就罢工。而政客们为了得到选票，不断承诺提高福利待遇，画饼充饥。因为国家没有足够的生产力，没有足够的财力去兑现承诺。民众希望福利越来越高，而政客的欺骗手段越来越高明。这样的国家怎么可能发展起来呢？而美国就有这种趋势。

第三，美国当前的贫富差距越来越大，社会分裂，阶层分化明显，种族矛盾、族群矛盾开始进一步激化。现在美国的黑人经常受到不公正的待遇，甚至被无故枪杀，这些事件引发不少骚乱。这都说明美国现在的社会不是那么和谐、稳定。

第四，中东的问题将来会严重影响美国。中东的命脉是石油，再过二十年，中东的石油将会被开发殆尽，整个中东没有经济来源，将有可能成为世界最大的问题策源地，甚至是骚乱的中心。这种大的骚乱和战争，必然使中东的民众四处逃散。逃到哪里去？欧洲？欧洲的大门即将关上。没有别的地方去，只能去美国。

尼尔·弗格森在其《西方的衰落》中说："经济增长放缓、债台高筑、人口老龄化、反社会行为等问题不一而足。"美国放弃了自由主义的立国之本，放弃了美国梦，回到重商主义时代，是历史的倒退。美国作为一个移民国家，一个缺乏民族凝聚力的多元文化国家，一旦无法提供"美国梦"，其国民必然会变成一盘散沙，四分离散。综上几点可以看出，美国没有跳出国家兴衰的历史周期律。

8　未来与希望

8.1　人类对宇宙的探索

“今天我们仍然亟想知道：我们为何在此？我们从何而来？人类求知的最深切的意愿足以为我们从事的不断探索提供充足的理由，而我们的目标恰恰是对我们生存其中的宇宙做出完整的描述。”这段话来自著名学者斯蒂芬·霍金的名著《时间简史》，其实这段话，是他作为一个宇宙学家、物理学家对自己所有研究的价值进行的内在描述。世界文明发展比较研究其实也是想呈现一个比较完整的文明发展历程，进而预测未来文明的走向以及在文明的进程中怎样去把握个人命运。

霍金在《时间简史》中探讨了对宇宙的研究，其实中国很早就进行了天文观测，在殷商的甲骨文里面就有很多关于天象的观测；汉语“宇宙”一词出现得也很早，现在能够查到的最早的史料出于战国时期，尸佼在他的著作《尸子》里面曾经写这么一段话：“四方上下曰宇，往古来今曰宙。”

古人对宇宙有很多的解读，比如浑天说、盖天说。浑天说认为整个宇宙浑若鸡子，鸡子就是鸡蛋。这种学说认为，整个宇宙就像一个鸡蛋，地球可能就是鸡蛋的蛋黄，天就是蛋清。盖天说认为，天像一个斗笠，地像覆着的盘，天在上，地在下，日月星辰随天盖而运动。

为什么人类对宇宙的理解有如此巨大的悬殊呢？因为宇宙太大了，每个人所观察到的只是星星点点，就像盲人摸象一样。宇宙大到让人感到不可思议。宇宙无边无际，在今天看到的星辰发出来的光，特别是很远的星辰发出来的光，不是现在的光，可能是几百万年前发出来的光。现在看到的最远的星体发出的光，来自93亿年前。今天看到的宇宙并不是当下的宇宙，而是几百万年前甚至93亿年前的宇宙，其辽阔程度超出了人类的想象。

所以，佛家认为宇宙是三千大千世界。而在三千大千世界里边，地球占什么位置？恒河沙数。宇宙中的星球就像恒河的沙子那么多，而地球只是沙中的一粒，微不足道。实际上，用“恒河沙数”来形容地球可能还夸大了地球在宇宙中的地位。

这么大的宇宙是怎么形成的？宗教认为是上帝创造的，科学家认为宇宙是大爆炸产生的。“宇宙大爆炸”假说认为，大约150亿年前，今天所观测到的全部物质世界都集中在一个温度极高、密度极大的很小的范围，那个时候的宇宙被压缩成一个奇点，就是在宇宙产生之前，时间、空间、物质都在一个点上。大约在150亿年前，这个密度极大、温度极高的奇点突然之间发生了爆炸，在不到一秒的时间里，爆炸形成的体系就诞生了。早期的宇宙温度非常高，大爆炸开始后0.001秒，宇宙的温度约为1万亿度，大爆炸后0.1秒，温度下降到300亿度，1秒钟后，温度下降到100亿摄氏度。爆炸最初的宇宙密度特别大，高达1090千克/厘米^3。[1] 温度降低了，距离越远，温度降低得越快，所以就形成了今天所能看到的宇宙。

这个假说现在已经找到了确实的依据：第一，几乎所有的星系都有红移现象，所谓的引力红移是爱因斯坦引力场理论的预言，即一个固有频率的光子在逃离星体的时候由于引力效应，在离星体远的地方接收到的该光子的频率会变小，波长会变大，在可见光谱中，光子的波长就是向红色端移动。天文学的发展证明，目前所有已知的恒星都出现移动，这表明宇宙在膨胀；第二，在不同的天体上，氦的丰度很相近，都是30%左右；第三，各种天体的年龄都小于200亿年，这说明可能在200亿年之前是没有宇宙的。

---

[1] 赵君亮．宇宙的诞生和结局［J］．科学，2003（5）：47.

宇宙有没有生命？这么大的宇宙会消亡吗？宇宙消亡了，人类还能存活吗？宇宙是否会消亡，取决于宇宙是在膨胀还是在收缩。如果一直膨胀下去，那么宇宙就一直存在；如果宇宙在收缩，那么宇宙很有可能会坍缩成一个点，就像当年大爆炸之前的那个宇宙中的奇点。

而膨胀与收缩不取决于人的意志，也不取决于宇宙的意志，取决于宇宙的平均密度。如果宇宙的平均密度比临界值小，宇宙就会膨胀下去；如果比临界值大，宇宙就会坍缩，最后缩成一个点。所以宇宙的密度决定了宇宙的生死。

这就是科学家和巫师的不同。科学家要通过计算进行推理，最后得出结论，还要经过模拟运算进行验证。而巫师全凭感觉，所以，对地球什么时候毁灭，有各种巫师的预测，结果都是错的。宇宙的运行自有它的规律，不以个人的意志而转移，更不因一个巫师的妄自揣测而发生改变。

既然宇宙的密度决定宇宙的未来，那么宇宙的密度到底多大？不知道，因为宇宙的密度太大了，没法测。从目前观测的数据来看，宇宙当前处于膨胀期，但是膨胀也有生命期。以太阳为例，太阳及其行星是在约 50 亿年前形成的，再过约 50 亿年，太阳内部的氢元素将消耗殆尽，太阳自身引力与张力之间的平衡将会被打破，太阳就会坍缩，由原来充满生命力量的朝气蓬勃的星球变成红巨星，温度逐渐降低。红巨星会慢慢地膨胀，把它周围的一些星球吞没，变成一颗白矮星。也就是说，再过约 50 亿年，太阳的生命就要面临终结。

在 100 亿年之内，宇宙间大部分的恒星都会燃烧尽，而质量更大的恒星在燃料燃烧尽以后不能进行核聚变反应，就会发生由引力引起的坍缩。收缩以后就会形成一个黑洞，黑洞不断内缩，体积越来越小，密度却越来越高，形成了一个很大的内在的引力，这个引力特别强，所有路过的物质甚至是在很远的地方就能被吸到这个黑洞里，连光都逃不出去。所以，在黑洞里，同一个区域没有真正的时间和空间概念，所有东西都被压缩到一个很小很小的区域之内。

因此有学者推论，宇宙间所有的星系或者星系团，绝大部分都会在这 100 亿年中消失在各个黑洞里面，而最终宇宙会收缩成一个“奇点”。这个结论很悲观，人类只能再活100亿年了，但其实对人类个体来说足够了。

既然宇宙最终是要消亡的，那么人类活着的价值和意义在哪里？借用霍金在《时间简史》里面的两段话作为笔者的总结。“作为宇宙中高等生物的人类，不满足于自身的生存和种族的绵延，还一代一代地探索着存在和生命的意义。”“无论命运有多坏，人总应有所作为，有生命就有希望。”

8.2 智能革命与未来生活

8.2.1 智能时代与数据的关系

机械制造是人类自大航海时代以来全球近代化的核心动力。在信息时代，什么是人类发展的核心动力？那就是信息技术。第一次工业革命的核心技术是蒸汽机的改良，第二次是电力的广泛使用，第三次是计算机的使用和互联网技术。

计算机不就是人工智能吗？不是，这是两个概念。一开始的计算机只有机械运算的能力，而人工智能是计算机技术的一个分支，利用计算机模拟人类的智力活动。这种技术的基础是什么？数据！

这个数据并非我们每天所接触的数据。数据伴随着人类文明产生，人类最早就是通过对数据的归纳、总结、抽象得出思维模型，通过这种模型来指导生产和生活，并且获得了重大的发展，人类才由茹毛饮血的时代进入农耕文明，再进入工业文明，进而进入信息文明，经济进入新的增长和繁荣周期。

数据的处理与归纳是人类抽象思维的具体表现，也是人类和其他动物的重大分水岭。人和其他动物的一个显著区别就是人具有抽象能力。抽象能力最好的表现就是大数据。“大数据”这个词汇是现代的概念，其实历史上很早就有体现其原理的例子。中国古代人就是观察日月星辰每天的变化，通过阴爻和阳爻来表现天气的变迁，最后归纳总结出来的一个模型，就是八卦。八卦其实就是最早的大数据，也是最早的计算机。

用数据来指导生产，人类获得了非常丰厚的文明沉淀。比如，在中国，通过对日月星辰的观察，对数据的采集、归纳，人们总结出了二十四节气，通过二十四节气指导农业生产，中国古代的农业获得了突飞猛进的发展，所以中国是农耕文明的杰出代表。古埃及人、玛雅人也是通过对自然的观察，进行数据的归纳、总结，创造了辉煌的农耕文明。

进入信息时代，人类依然没有离开数据，只不过现在的数据与以前的数据产生了重大的差异。以前的数据是抽象的，就是一些数字的排列组合，而人工智能运用的数据是可以进行信息代码运算的。根据它是否具有辨认能力、控制能力等发展程度还可以进一步分为弱智能、中智能和超智能等几种等级。弱智能就是当下正在模拟的初步的人工智能，即制造机器人，可以从事一些基础的、简单的工作；中智能就具备一定的思考能力，与人类相当；超智能就是人工智能已经超过人类的能力。所以在未来的超智能时代，究竟是人类领导机器人还是机器人领导人类或未可知。知识共享度的提升，在一定程度上打破了经济学资源稀缺的假设。信息经济颠覆了传统经济学理论假设和分析范式。共性技术开发、知识转移、知识共享、知识扩散与交互应用使产业体系普遍受益，形成产业发展的内在动能，新的发展理念、人类命运共同体思想崛起。

8.2.2 智能时代的财富分配

智能时代已经到来，大数据时代、智能时代不是一代人能造就的，可能要经过几代甚至几十代人的努力。从农耕文明到工业文明，每一次技术的变革，总是有一部分先驱参与、缔造、引领、成就技术革命的发展，这部分人也最早获得技术革命的成功。从数量上来看这些先驱所占的比重并不大，往往只有不到2%的人有这样的先见之明。后来跟进的人才开始分享产生的价值。而那些始终没有参与的人，只有等到整个技术革命的普惠价值释放之后才会受益。

每次技术革命都是一次人类价值的分配，这种分配是按照参与的程度、参与的深浅来进行的。所以，第一次工业革命、第二次工业革命，都是企业主、资本家和发明家共同分享成果。在第二次工业革命过程中，最明显的受益者就是爱迪生、福特、西门子等科学家，他们因为在科研上获得了重大成就，推动了生产力的发展，最后也成为腰缠万贯的资本家。

互联网革命也是一样，苹果公司的史蒂夫·乔布斯、微软的比尔·盖茨、谷歌的拉里·佩奇等人，没有背景，甚至其中有人没有接受完整的高等教育，但是他们有一个共同的特点——凭着对信息技术的敏感和敢为天下先的精神，参与最有挑战性的信息技术的革命前沿，成为腰缠万贯的大富翁。

这说明技术革命的分配不是等值的，早参与的人有望早获得收益。在智能时代更是如此，只不过智能时代比其他的技术革命时代更为特别：工业革命时期的技术变革获得的收益是倍数增长的，而智能时代的收益则是裂变式的。

工业革命是把人从劳动中解放出来，而智能革命的核心是把人从思考中解放出来，未来的人工智能可能可以取代人类最骄傲、最自豪的大脑。大脑是用来思考的，在未来，人工智能也可以实现。

这是一次重大的变革，工业革命是取代身体，而智能时代将取代大脑。

8.2.3 智能时代对人类的影响

智能时代将给人类带来重大的影响，人类的生活方式将彻底改变。从技术上来说，智能生活在今天已经实现了，之所以多数人还没有接触到，是因为有一些技术正在测试阶段。例如，无人驾驶汽车在美国等国已经存在，现在正在测试。无人驾驶因为涉及交通规则等一系列问题，还存在一些法理的问题，所以还没有完全普及，但是这一天将会很快到来。智能时代，人类社会的组织结构都会改变。

人工智能对人类而言是一个全新的开始，同时也是一个全新的考验。再过 50 年，人类就将进入中智能时代，机器智能和人类的智能可以对抗。中智能时代过后，人类马上就会跃入超智能时代，到那时人类的思维已经赶不上计算机的思维，赶不上机器人的思维，所以人工智能对人类来说是真正的考验。

文明跃迁的过程是人类适应自然并改造自然的过程，新旧生产要素的变迁，决定不同的生产范式，进而推动效率和效能的提升、社会的发展与文明的演进。智能革命改变了产业结构的组织方式，重构了工具理性与价值理性，引发“生产要素 + 支柱产业 + 分工协作网络 + 基础设施 + 制度与文化”全方位的“技术—经济—文化”范式变迁。在工具理性的变革方面，前两次革命都是人以自身学习和创新改造世界，由工具和机器代替人类的体力劳动；但在人工智能时代，人与工具、人与机器的交互学习与创新，是由机器代替脑力劳动，生产力有了一个质的飞跃。

智能革命引发产业组织形态由一体化科层制逐步向垂直分离的网络化、模块化、服务化、智能化演进，促使社会劳动生产率得以有效提升，从而促进经济发展、社会变革。国家与国家的边界逐步开始模糊，文化圈层将逐步取代国家的认同。智能革命又存在数据风险、信息垄断、人机“饭碗争夺战”、算法偏见、信息操控、工具理性泛滥、媒介侵权、精神麻醉等冲击，工具理性一旦缺少价值理性的制约，必然引发社会的广泛失落与分化。

人工智能增加了未来文明的不确定性。正如国务院《新一代人工智能发展规划》所言：人工智能发展的不确定性带来新挑战。人工智能是影响面广的颠覆性技术，可能带来改变就业结构、冲击法律与社会伦理、侵犯个人隐私、挑战国际关系准则等问题，将对政府管理、经济安全、社会稳定乃至全球治理产生深远影响。

人工智能“二十三条原则”中提出：“人工智能带来的利益应当是普惠人类的，人工智能的力量应当尊重和改善社会健康发展所需的社会和公民进程，而不是颠覆这种进程。”可见，智能革命的内核是“达则兼济天下”的中国式哲学和命运共同体意识。

面对当前全球化治理集体行动困境，以及信息时代互联网思维跨界融合的现实发展要求，习近平“人类命运共同体”思想引领全球治理秩序与体系变革。从文明演进视角解析，这一思想内涵“和而不同”的文化特质，奠定了新文明时代的认识论基础、文化伦理和道德基础。中国在世界舞台上拓展“共同价值”，提供自身发展道路参照、执政党领导智慧、中国方案与文化基因，开展“五位一体”路线，构建网络空间命运共同体，实施“一带一路”共建新型全球化格局，践行新型文明观，开启新文明时代，彰显中国民族的历史担当。

9　结论：文明发展比较视阈的人类文明发展历程

生态多样性和文化模式多样性促进了文明多元性，基于地理禀赋，个人和集体可以重新组织或改变文明发展模式，以便更有效地适应和利用外部环境。

理性主义者试图用最省力原则、资源相对稀缺程度、个人或集体安全性等因素解释人类行为，低估了人类文明发展主观能动性的重要性。文化决定主义认为文明发展受到稳定的核心原则或关键概念的指导，核心原则是指关于宇宙和社会组织的最本质的普遍信仰，它提供了改变文化和社会行为的发展模式，某种文化立场可以影响长达数千年的文明发展。例如，在某种文化中，农业生产可能主要受宗教信仰指导，而在另外的文化中则可能由经济利益驱使。唯物主义者将控制权力和物质资源的社会竞争视为影响人类社会变迁的主要因素。马克思提出人性不是天生的，而是由人类所生存的社会形态决定的。

文明异质性决定经济发展模式存在多元性。从生产力发展水平、制度变迁、传统经济伦理等多维度系统审视，不同国家基于自身传统形成各具特色的现代化道路。中国农耕文明具有自给自足、重传承、中央集权、天下观的特质，具有在保障社会稳定的前提下以较低交易成本提高公共品资源配置效率的独特优势。工业文明以资本为主要生产要素，形成全球化资源配置与组织模式。信息文明时代，信息作为核心生产要素打破资源稀缺假设，人工智能和虚拟生活引发“技术—经济—文化”范式变迁，人类命运共同体思想崛起。生产范式变迁引发文明形态迭代，从文明进程来看，多层次社会形态、多生产范式自始至终都并行存在，这是资源禀赋所决定的，也将伴随人类始终。但每一种范式都有其天然优势，也必然潜伏着劣根性。在科技创新与制度创新的共同作用下，产业、空间、市场结构的增长点向更高层次转换，多元文明共生是世界经济秩序的基本特征。

9.1 价值自我实现的求索

9.1.1 资本主义精神视角

文化传统、道德伦理是经济发展重要的环境要素，现有研究从理性精神、制度变迁、经济伦理、文明比较等视角，对价值自我实现路径进行阐释。

韦伯开辟了理性化的分析范式，在个体主义方法论基础上，研究世界几大宗教伦理与经济行为之间的关系，提出理性主义是现代资本主义兴起的根本原因。他认为构成资本主义精神的文化要素有三个层面的内涵：在宗教伦理层面，是一种理性节欲精神；在职业观念层面，表现为一种视工作为"天职"的理性职业精神；从行为意义层面，是一种逐利的经济行为动机。基督教新教伦理教化形成的理性精神，是资本主义经济文化的核心要素，是创造财富的巨大动力。[1]

基于西方理性资本主义精神，西方主流经济学认为资本、土地、劳动、管理技术等四种生产要素共同创造了价值，并从不同视角研究资本的"本质"。熊彼得认为企业家精神是推动经济发展的关键力量，[2] 舒尔茨提出人力资本概念，[3] 马斯洛提出发展中的人都有一种实现自我价值的需要和倾向，即价值实现自我化，追寻"自我"价值实现，向往更幸福的生活

❶ 马克斯·韦伯. 新教伦理与资本主义精神［M］. 李修建，张云江，译. 北京：九洲出版社，2007.

❷ 约瑟夫·阿洛伊斯·熊彼得. 经济发展理论：对利润、资本、信贷、利息和经济周期的考察［M］. 叶华，译. 北京：九州出版社，2007.

❸ 西奥多·W. 舒尔茨. 人力资本的投资［M］. 吴珠华，等译. 北京：北京经济学院出版社，1990.

方式。[1] 诺思提出制度变迁理论，[2] 约瑟夫·奈认为一个国家的综合实力应包括“硬实力”和“软实力”，伴随工业革命和市场经济的发展，与资本主义市场经济相适应的观念和精神占据主导地位。[3]

亨廷顿认为未来主宰世界的冲突主要是“文明的冲突”。在所有界定文明的客观因素中，最重要的是宗教，人类历史上的主要文明在很大程度上被基本等同为世界上的伟大宗教。人类以此与其他物种相区别。如儒教之于中华文明、基督教之于西方文明、伊斯兰教之于阿拉伯文明，至于古代各文明地区也都有各自的信仰。他认为只有源于物质胜利的文化和意识形态的吸引力才是有效的，提出“文明冲突论”，认为以宗教为轴心，不同文明板块间的断层上产生了文明的冲突，防止文明冲突的方法是发展一种世界文明，社会经济发展程度与民主文化具有强烈的相关性，而儒教不利于民主化。[4] 在冷战后的世界，冲突的基本根源不再是意识形态，而是文化或文明方面的差异。文明的差异是人类各种差异中最具根本性的，而且基本上是不可消除的。具有相似文化的人民和国家正在聚合，具有不同文化的人民和国家正在分离。由意识形态和超级大国关系界定的联盟正在让位于由文化和文明界定的联盟。因此，一个以文明冲突为基础的世界秩序正在形成。事实上，冲突大多发生在文明内部而非文明之间，冲突的是国家而不是文明。多元文化并存，但是并不会出现像亨廷顿所说的文明之间的冲突，因为一般来说，文明之间的交流与接触是以和平借鉴的方式完成的，有时这种借鉴是单向的，有时是双向的。

弗朗西斯·福山对新古典经济学进行了最为系统、深刻而彻底的批判，认为自由民主制度是“人类意识形态发展的终点”和“人类最后一种统治形式”“后人类的未来”，后期修正观点，提出“国家能力、法治和民主问责三要素的某种平衡造就成功的政治体系”，“中国经济制度是世界上

---

[1] 亚伯拉罕·马斯洛. 动机与人格：第3版［M］. 许金声，译. 北京：中国人民大学出版社，2012.

[2] 道格拉斯·C. 诺思. 经济史中的结构与变迁［M］. 陈郁，罗华平，等译. 上海：上海人民出版社，1994.

[3] 约瑟夫·奈. 软实力［M］. 马娟娟，译. 北京：中信出版社，2013.

[4] 塞缪尔·亨廷顿. 文明的冲突［M］. 周琪，译. 北京：新华出版社，2017.

也是人类历史上出现过最有效的经济制度”[1]。其研究混淆共产主义和社会主义，甚至将共产主义与极权主义以及法西斯主义相提并论；理论实质是为西方资本主义制度的普世性与合法性提供理论基础；没有看到资本主义内在无法克服的矛盾——生产要素变迁引发的管理模式变革。

凯文·凯利提出：“人造物与自然生命之间有两种趋势正在发生：人造物表现得越来越像生命体；生命变得越来越工程化”，“别去控制别人：去中心化的社会结构关系已经成为趋势，别想着再去控制别人，控制这事已经过时了”，“你要活得更像人：未来，机械性的、纪律性、重复性的事情将会被机器取代。我们需要让自己做更感性，人情味更浓的事情”，“边界最精彩：传统的机会存在于核心区的认识可能要被颠覆，未来拥有更多机会的地带将是边界区域，也就是行业与行业之间的边缘地带。未来的创新往往将会从行业与行业，板块与板块之间的激烈碰撞中产生。”[2] 其研究过程没有推理逻辑，仅有结论，很难立论。

事实表明，在文明史的时间轴上，文明之间并非冲突或共生这样单纯的二分法，而是存在接触、模仿、敌意、竞争、差别、支配、服从、尊敬、轻蔑、融合、合作、同化等各种关系。不仅在文明断层存在冲突，文明内部也存在战争，根本原因是国家间经济政治利益的冲突，即基于不同文明特质的价值实现方式的冲突。

伴随资本主义全球化的发展，西方学者将西方民主制度和市场经济解读为放之四海而皆准的真理，成为推行单边主义的理论基础。其研究将文化因素视为经济函数的一个变量，停留在工具理性层面。普遍将非西方文明的“传统文化”视为现代化的阻力，将全盘西化作为现代化的唯一模式，将西方文明特质，如现代产权制度、自由市场体系、民主政治、理性官僚制、现代法律体系、中产阶级为主体的社会结构、科学精神、世俗化的价值体系等体现工具理性精神的制度框架与价值体系，[3] 作为现代化的

---

[1] 弗朗西斯·福山．历史的终结及最后之人［M］．黄胜强，许铭原，译．北京：新华出版社，2003.

[2] 凯文·凯利．必然［M］．周峰，董理，金阳，译．北京：电子工业出版社，2018.

[3] 马克斯·韦伯．经济与社会［M］．林荣远，译．北京：商务印书馆，1997.

唯一评价标准，将传统文化归属感解释为现代化成功与否的依据，其中，隐含着西方中心主义、文化宿命论的陷阱，旨在为西方文明的普世性提供理论基础，是一种典型的化约主义、新干涉主义。历史证明，西方模式不仅无法提供发展中国家现代化转型的真正解决方案，反而制造了冲突、陷阱和危机。

9.1.2 文明比较视角

汤因比治史，将“文明”作为历史研究单位是他的一个重大学术贡献。汤因比一反国家至上的观念，将文明作为基本研究单位，划分出26种文明，一直坚守着历史研究的整体观念和比较方法。他深入文明的历史和社会根源，强调文化在社会各组成结构中的核心作用，认为宗教是文化的“决定性”因素，提出挑战应战模式、文化辐射规律。汤因比认为每个文明都有发生、成长、衰落、解体的过程，提出著名的挑战应战说：即文明的发生是由于对自然环境或人为环境挑战的应战，挑战不能过强，只有适度的挑战才是文明发生的适当条件。之后，又在不断应付内部和外部挑战下成长。如果对挑战没有应战，衰落开始，经过一系列运动后文明解体。这一说法哲学意味浓厚，但却难以用历史经验证明或说明历史，也无法划分文明的发展阶段。汤因比认为文化激励着每一个人对经济和社会发展作出自己的贡献，是推动社会发展的根本动力；文化没有他杀，只有自杀；只有“博爱”能调和“自由”与“平等”，而博爱只能来源于上帝。因此人类的前途在于摆脱“自然的法则”而回归“神的法则”。面对西方文化危机、精神危机、“人类中心主义”问题，汤因比认为政治一统与文化包容统一的中华模式是社会的理想模式，主张世界文明对话以和谐共处。[1]其研究有助于超越民族主义的历史叙事；有助于克服人类的“自我中心”倾向；有助于克服诸文明之间的文化偏见；有助于将历史研究与现实问题统一起来。但没有真正的对策与预案，其构筑的文明形态史观具有唯心主义色彩，忽视了物质力量对经济发展、人类文明发展的根本动力作用。

---

[1] 阿诺德·汤因比．历史研究［M］．郭小凌，王皖强，译．上海：上海人民出版社，2016.

卡罗尔·奎格利把文明发展过程划分为七个阶段：混合、酝酿、扩张、冲突、和平与繁荣、衰落、毁灭或新的混合两种或多种文明，产生新文明。在扩张阶段，奎格利认为文明扩张工具从经济上说就是要有发明、有积累、有投资。但经过扩张后这一工具制度化，财富控制者不再投资而奢侈享受，导致文明的冲突，表现为帝国主义战争、内部阶级斗争等；在和平与繁荣的繁荣阶段，是文明黄金期的普世帝国，因外族入侵而衰落、毁灭或新的混合，产生新文明。[1]

成中英深入西方哲学核心，弘扬中国哲学精髓，在世界哲学高度推动中国哲学的新发展和再创造。[2] 20 世纪 70 年代打通中国哲学，80 年代打通西方哲学，90 年代东西方融会贯通，自成一家，成就一代宗师，开展儒家哲学、本体诠释学和中西比较哲学研究，其中本体诠释学为成中英教授所独创。但其理论与实践脱节，知行未能合一，管理学、经济学知识体系相对缺失，使哲学依然是思维游戏。

彼得·卡赞斯坦强调文明的多元性与多维主义，并以之为概念框架和分析方法，用于六大文明研究，分析英美文明身份的演变、中国和平崛起时代的中国化过程。认为文明内部存在多维性，多种文明共存于一个世界；西方文明具有多重传统，内部多元化，且不是固定不变的。其集中探讨规范、认同和文化在国际国内安全中的影响问题，将建构主义的基本观点第一次全面地运用于实证领域。[3] 事实是，多重和多元的文明是否蕴涵着足够的创新潜力及学习能力，从而能够成功地创造出捍卫“大文明”的应对战略？这是一个尚无确定答案的问题。因而，人类的文明未必在狭义的一定时间内解决，人类有足够的时间沉淀与发展。

9.1.3 生产方式演进视角

上山春平反对汤因比认为“所有文明都要作为同时代的东西来把握”

---

[1] The Evolution of Civilizations: An Introduction to Historical Analysis. Carroll Quigley. Liberty Press, 1961.

[2] 成中英. 中国哲学与世界哲学 [M]. 北京：中国人民大学出版社，2017.

[3] 彼得·J. 卡赞斯坦. 世界政治中的文明：多元多维的视角 [M]. 秦亚青，魏玲，王振玲，刘伟华，译. 上海：上海人民出版社，2018.

的观点，把产业革命前的农业社会和产业革命后的工业社会看作是“生产方式不可逆的展开”，产业革命是“以生产方式的体系性的机械化为中心，社会与文明发生根本性变革”。

马克思主义扎根于资本运动的经济史实。马克思所处时代的资本主义大工业生产创造出巨大的社会物质基础，同时将异化劳动达到了顶峰。他认为在不同的社会形态，人的关系异化为对人的依赖、对物的依赖。在资本主义时代，人的社会关系异化为商品拜物教、货币拜物教、资本拜物教、知识拜物教等物与物的关系形式。资本表现为异化的社会权力。他从资本范畴出发，正确分析了“经济人”的逐利动机、理性交易、“节欲”精神、奢侈的消费精神、资本家的冒险和创业精神等经济文化现象及其实质，超越了古典“理性经济人”假设，具有方法的正确性和穿透力。马克思提出人类解放、人的自由发展，是文明发展的终极目标；用自由联合劳动制度取代雇佣劳动制度，消灭私有制，才能实现真正的人类解放。因此，他的思想具有阶级性、革命性。马克思所处时代的科技发展具有局限性，而信息社会为人类价值解放提供了新的可能性。马克思见证了第一次工业革命（蒸汽时代）发展历程，经历了第二次工业革命（电气时代）的初期，没有经历第三次工业革命。马克思所经历的时代虽然没有航空母舰、宇宙飞船、导弹、火箭等高科技成果，但这并不影响他对于自身理论的建构。因为以上成果仍然是工业革命的产物，是工业文明的象征。但马克思没有经历过比特币、区块链，没有体验过互联网、虚拟经济。他对于信息文明的认知存在一定的局限性。由于时代的局限性，需结合现实与时俱进，“时代化的马克思主义”意味着马克思主义需要与信息时代紧密结合，实现马克思理论的再发展。

厉以宁教授提出，对经济有三种调节力量：市场调节、政府调节、道德调节。文明跃迁的过程是人类适应自然并改造自然的过程，新旧生产要素的变迁决定不同的生产范式，进而推动效率和效能的提升、社会的发展与文明的演进。不同文明时期、不同时代，人们的生活方式、消费心理、消费行为不同，进而引发发展模式、商业模式、管理模式不断升级和迭代。当下的企业只有适应甚至引领模式更新，才能在国际竞争中获得核心竞争力。

在信息技术的广泛链接下，世界经济的信息技术—经济范式加速形成，多元文明共生是世界经济秩序的基本特征。事实上，同质文明内部和异质文明之间存在不同程度的冲突，但不能简单地将冲突归因于文明，文明异质性决定经济发展逻辑、制度与实践表现形式存在多元性，需要对其从生产力发展水平、制度变迁、传统经济伦理等多维度进行系统审视。

未来的学科是融合而非分裂，本文力争融会贯通经济学、管理学、哲学多学科研究方法并交叉使用，推进人文及社会学科不断融合。探索信息文明时代生产要素变迁所引发的模式变革及其内蕴的文化逻辑，建设信息文明时代的经济伦理话语体系，对于构建更具正义性的世界经济秩序提供理论与现实的启示意义；通过洞悉东西方及人类文明发展机理，预判人类文明未来走向，力求奠定人类心智模型建设的文明学基础，并开创中国人类文明比较学。

9.2 人类发展的历程与方向

人类文明史有 8000 年之久。8000 年来，人类经历了农耕文明、工业文明，正快步进入信息文明。何为人类社会进步的动力？人类社会发展可有轨迹？未来人类走向何方？

人类文明源于抽象思维的发展与实践，创造工具、个体经验传授、文化传承、语言是促使人类脱离自然的特有能力。宗教、等级观念、货币、政府、信用体系等，是抽象思维的产物。文明是多种条件的综合，可区分为生产与生活方式、民族国家的构建与认同、宗教和精神形态三个层次。具备这三个层次的基本条件，就可以认为进入了文明社会，这三个层次的发展是文明进步的主要方面。

多元的生产方式奠定多元文明并存与发展的基底。文明的兴起源于自然条件、地理禀赋，但文明是人类创造的，绝非自然决定论，也不是“挑战与刺激”式的应激反应，而是因为人类顺应自然、作用于自然的生产生活方式不同，产生了不同类型的文明。在不同自然环境中形成不同的生产形态，如农庄经济、城邦经济、采邑经济、庄园经济、城市经济等生产方式以及产权保护、财产分配等不同的生产关系与制度，文明得以生成与发展，文明发展的生产力基础得以奠定。

面对人类社会的未知和未来不确定性，宗教与伦理为经济制度提供了文化信仰基础，宗教的演进规律体现了经济伦理与经济制度、经济行为之间的关联性，为不同经济发展模式提供了特殊的文化基因，决定了不同国家将基于自身的文化传统形成各具特色的现代化道路。

由于资源的稀缺性，多元文明在冲突与交流中相互影响，得以发展演进。人类文明之初，选择自然条件相对优越的地区谋求生存，大河流域是农业文明起源的理想地区，而游牧民族与海洋民族出于对稀缺资源的利用与争夺，不断增强自身向新空间开发的能力，形成更为多元的商贸、掠夺、殖民等三位一体的生产方式，引发多元文明之间的互相争夺、共同协作、同步发展。一方面，表现为世界多元文明之间的冲突始终存在，主要就是游牧民族、海洋民族（海上游牧民族）和农业民族之间的冲突，这种文明对抗的实质是不同生产形态与经济发展体系的矛盾，农业民族是内敛型文明，而游牧民族、海洋民族是扩张型文明。另一方面，商贸与征服同时也伴随文明之间的互相交流、渗透与影响，一些文明形态消亡了，但一些文明形态得以转换，以新的文明形态继续发展下去，呈现出多元文明共存的历史性与共时性显现的景象。如犹太教、伊斯兰教、天主教、基督教、新教之间的变革与共存。

文明发展规律显示，保守的民族文明相对落后，落后的文明倾向排外，更趋向保守，形成恶性循环，如蒙古帝国、伊斯兰帝国、中国的清朝导致文明衰退；而开放包容的民族有利于文明的发展，如中国的唐朝、移民国家美国等，在文明的交汇中，落后的文明基因灭绝或转型，先进的文明基因得以复兴或发展。

在文明发展的原动力中，除了“看不见的手”，还有看不见的“文化价值体系”支撑，表现为制度和精神，是一种社会理性化的过程，实质为经济发展与公共权力的组织方式的演变，从根本上受到个体主义、集体主义为文化内核的制约，并具有路径依赖性，个体主义文化形成“经济人”

假设、理性原则、效用最大化、个人主义、自由主义等思想，鼓励对外贸易、殖民扩张、创新冒险、掠夺精神等行为，在爱琴文明、古希腊文明、凯尔特文化、腓尼基文化、亚述文化等海洋民族、游牧民族中明显体现；集体主义文化形成重权威、重统一、重干预、重集权、重强制力的思想，在古巴比伦、奥尔梅克文化、古埃及、玛雅文明、印加文明、中华文明等农耕文明民族中体现明显，由此形成东西方文明的分野，在文明发展中演化出不同的法律与民主形式。但任何一种制度安排都是为了生存与发展而演变的，并不具有永恒性质，而只是人类一定历史阶段的产物，是一种社会形式。例如，国家的形成是文明发展进程中的重要现象，出现多种多样的国家体制、政府体制，有早期部族联盟、城邦联盟、城市国家、帝国、民族联盟、民族国家、共和国、合众国、共同体等多种形式，都存在消亡与更新的可能性。不同文明体系形成的基础是其经济基础及生产方式，是自然生长的，文明有差异，而无优劣之分。但发达文明对于相对落后文明的行为方式却有提升与掠夺之分，表现为文明的博弈与兴衰，玛雅文明、印加文明等古老文明彻底消亡，埃及文明、凯尔特文明的部分基因还在传承，中华文明是唯一得以延续的古老文明。

意识形态与宗教信仰是多元文明思维方式与特质形成的主要文化因素。美国等西方国家将基督教定为国教，阿拉伯国家与伊朗国家将伊斯兰教定为国教，中国受儒学思想影响为主，一神与多神、政教合一与政教分离的文化传统，影响了经济模式选择、民主政治、社会经济制度、法律制度、宗教与社会的关系等发展理念和实践。宗教与信仰发展的分析表明，社会生产影响思维方式，宗教形态随之从原始形态向高级形态进化，但其价值内核却变化缓慢，对经济思想、政策与实践有反作用。

“一神教”信仰倾向认为自己的民族是上帝的选民，从主客体之间的关系分析，清教思想和选民意识增强了个体的主体精神，即以个体自我意识为代表，主张利益中心主义，用理性和科学为工具对客体进行利用和分析，表现为征服，甚至是殖民，工业革命引发“世界文明”这一国际性文明实现模式的变革，工业文明也将战争从局部战争升级到世界大战，东西方文明之间、工业强国与殖民地之间的矛盾凸显，实为价值理性与工具理性的偏颇。但文明发展规律表明，任何一种文明都不可能完全统治或取代其他全部文明，成为世界的核心，实现历史的终结。

在世界主要文明类型中，唯有中国文化是非宗教性的，发展出人文主义的精神主题。中国文明始终贯穿一种思维方式的辩证理性，这种逻辑在人与自然、人与社会、人与自身之间的关系方面有了独特的处理方式，在开放中保持圆融性、和谐性、非侵略性、非殖民性，反对社会关系与利益的剧烈变革，指向理想世界与现实世界的融合，在价值理性与工具理性之间具有综合性、自我完善性，避免了西方文明引发的异化。中国文化是一个系统观，主要由儒释道等不同文化成分构成，但儒家文明居于中心地位，融合各家，在文明的进程中始终没有被征服，但也在一定程度上抑制了产业革命的萌发。

文明作为一个系统结构具有体系性，具有可转换性与整体性。文明的物质基础提供根基，文明的公共机制起到发展与关联的作用，而信仰宗教、思维方式与民族精神在整个文明结构中处于引导性地位，具有内在稳定性，随着社会交往、生产的一体化与文明交流而显现出独特性，同时具有与其他文明基因互相交流的能力，并能通过交流使得本民族文明保持活力。中国的儒学、西方的基督教、印度的印度教、伊斯兰教相继成为国家与民族文明的思想与宗教中心，反映了文明进化的理性要求，人文精神与理性精神的融合，虽然其中伴随反文明因素的此起彼伏，但在客观上却推动文明进步。

文明发展规律表明，外来文明会丰富和激活本土文明，本土文明具有传统的优势，如果能够吸收外来文明的优秀成分有利于本土文明的新陈代谢，本土文明经历现代转型之后，不但会保留自身的有益成分，并且与外来文明形成共存的格局，耶路撒冷、美国、中国都呈现多元文明共荣的特征。

当代的世界要求一种超越民族国家的世界文明视域，谋求建立世界新秩序。东西方文明作为世界两大主要文明体系，十字军东征、大航海、工业革命等历史证明，东方与西方的主体文明会因交流而激发文明转型，形成新的创造。文明多元并存的规律决定新秩序的精神源泉也是多元的，如西方的自由、平等、博爱、民主原则与科学精神，中国的仁、义、礼、智、信、中庸原则与道德伦理等，都为世界新秩序的创建提供精神基础，推动人类文明进入新的更高级的“人类命运共同体”阶段，人类社会将取得更大成就。

9.3 结语

经济史研究表明，产业发展范式是“技术—经济”范式更迭。从古至今，发明创造、产业竞争、文明进步成为民族的生存和发展战略，历史的骨架和延伸也是社会发展的核心，三者不是彼此孤立的环节，而是相互推动与交融。

从社会发展史看，每一次产业革命都直接导致社会生产力的大飞跃。人类在莽荒的原始社会发现并利用了火，发明了工具和文字。农业革命使人类从采食渔猎走向农业文明。在农业文明时期，中国古典思想博大精深，在农耕工具和制造工艺的改进、新品种的发现和应用、新耕作方法的发现改良等方面的技术创新不断把精耕细作推向新的高度，制度创新如管仲“相地衰征”“商鞅变法”、张居正“一条鞭法”，等等，共同推动了中国农业文明的鼎盛。

工业革命用大规模工厂化生产体系取代了小手工业，用世界贸易冲垮了自给自足。自英国工业革命以来，世界经济大约每 50—60 年就会发生一次大的经济波动或经济危机。工业文明时代，工具理性彻底改变了生产生活方式和国际经济格局，与此同时也遭遇到前所未有的生态危机、价值危机。

信息文明时代，生产要素变化，信息成为第一生产要素，打破了要素稀缺的假设，是对传统经济理论的彻底颠覆。数字化工具、虚拟经济、网络化、智能化为经济发展提供了新的可行性，社交、金融、教育、医疗、政府管理等日常生活息息相关的领域正在经历新一轮的消费升级，并具有巨大的正向外部性。

信息文明时代，人类面临的资源限制激发了对能源、信息、科技、人文的探索，信息和知识成为核心生产要素，并渗透到一切产业链和价值链中，深度改造甚至颠覆了各行各业的商业模式。知识和信息改善了传统生产要素供给的稀缺性，降低了信息不对称等原因引发的交易成本，大大优化了要素配置和管理，实现要素规模收益递增，改变了价值链分布的空间格局，提升了经济增长的速度，增加了产业格局调整的灵活性，持续增长成为可能。社会资本投入由固定资产向技术研发及人才培养等高端要素转移。信息资源在重塑产业格局的同时，也为后发国家构筑了越来越高的赶超壁垒。

人类文明发展由工具理性和价值理性共同驱动。其中，工具理性表现为社会生产力。科技创新改变生产函数，引发劳动力、土地、资本、知识、信息等要素配置效率提升，生产工具、生产方式、产出效率发生量变与质变，是推动社会生产力发展和经济增长的直接动能。价值理性表现为在文化与文明生长中的制度创新，是影响生产函数和科技创新的重要环境因素。在科技创新与制度创新的共同作用下，要素优化配置，产业、空间、市场结构的增长点向更高层次转换。

综上所述：生产范式所引发的文明形态迭代，从文明进程来看，多层次社会形态、多生产范式自始至终都并行存在，这是资源禀赋所决定的，也将伴随人类的始终。但每一种范式都有其天然优势，也必然潜伏着劣根性。“人类命运共同体”思想为化解文明冲突、规避信息时代的发展风险、超越资本逻辑、解决人类价值实现的共同问题等方面贡献了中国智慧和中国方案。

参考文献

学术论文

[1] 吴飞．从总体上比较中西文明［J］．中央社会主义学院学报，2018（6）．

[2] 黄新炎．比较文明学科理论的开拓与奠基：方汉文教授访谈录［J］．东吴学术，2018（6）．

[3] 祝东力．中西文明比较与全球文明的前景［J］．中央社会主义学院学报，2018（4）．

[4] 刘家丞，刘宝，路胜杰．文明的开端与结局——房龙与汤因比文明观念比较研究［J］．文教资料，2018（8）．

[5] 马广利．比较文明史与中国学术的“通学”［J］．江南大学学报（人文社会科学版），2018，17（1）．

[6] 刘洪一．文明对话与文化比较［J］．深圳大学学报（人文社会科学版），2017，34（5）．

[7] 刘岳兵．文明对话与文化比较［J］．深圳大学学报（人文社会科学版），2017，34（1）．

[8] 王建新．中国文明的特质及其形成过程：从东西方文明的比较看［J］．西部考古，2016（2）．

[9] 黄万盛．什么是中国：轴心文明比较视野下的文化主体性［J］．文化纵横，2016（4）．

[10] 徐浩．相似还是相异：近现代国外有关中西方文明的历史比较［J］．史学理论研究，2016（3）．

[11] 景海峰．文明对话与文化比较［J］．深圳大学学报（人文社会科学版），2016，33（4）．

[12] 张国刚．比较文明视野下的中国文明特色［N］．人民日报，2016－04－27．

[13] 杨满忠．《周易》理性文明与古希腊理性文明比较研究［M］//张涛．周易文化研究第七辑．北京：社会科学文献出版社，2016．

[14] 史海波．文明比较视野下的史学起源的社会条件［J］．史学集刊，2015（5）．

[15] 赵羲．祭祀对人类早期文明的重要作用——古中国巫觋与古罗马祭司比较研究［J］．中央民族大学学报（哲学社会科学版），2015，42（S1）．

[16] 张中秋．中西法治文明历史演进比较［J］．南京社会科学，2015（5）．

[17] 袁广阔．中国与美洲古代文明比较研究的历史与现状［N］．中国文物报，2015-03-13．

[18] 金永兵，张庆雄．伯明翰学派与英国"文化—文明"传统的比较［J］．湖南社会科学，2015（1）．

[19] 方朝晖．法治中国同样需要礼教文明重建——从中西方制度文明的比较展开［J］．人民论坛·学术前沿，2014（21）．

[20] 李友东．东西方文明比较中的两种不同视角［J］．史学理论研究，2014（1）：91-98，159-160．

[21] 王婧．两河文明与古埃及文明的比较研究［J］．开封教育学院学报，2013，33（7）．

[22] 李学智．古典文明中的地理环境差异与政治体制类型——先秦中国与古希腊雅典之比较［J］．天津师范大学学报（社会科学版），2013（2）．

[23] 李陈章，丁爱侠．中国古代海洋文明与西方海洋文明的比较［J］．学理论，2013（5）．

[24] 于洪波，向海英．古希腊与古中国道德谱系溯源及比较："地缘文明"的视角［J］．教育研究，2013，34（2）．

[25] 游斌．比较经学：文明对话的中国经验［N］．中国民族报，2013-01-22．

[26] 林岗．征服与绥靖——文明扩展的观察与比较［J］．北京大学学报（哲学社会科学版），2012，49（5）．

[27] 杜涛．灾害与文明：中西洪水神话传播比较［J］．前沿，2012（16）．

[28] 曹和平．不同文明间经济动力学机制共源性因子管理初探：复活节岛和摩梭人经济可持续发展路径比较研究［G］//北京大学，北京市教育委员会，韩国高等教育财团，北京大学北京论坛办公室．北京论坛（2011）文明的和谐与共同繁荣——传统与现代、变革与转型："全球化背景下的经济增长：机遇、挑战和方向"经济分论坛论文及摘要集．2011：20．

[29] 罗克凌．文明、文化、文心与史、思、诗——汉、唐精神思想图式比较［J］．山西师大学报（社会科学版），2011，38（5）．

[30] 赵婵媛．由柏拉图与孔子的比较浅析人类文明源头东西方文化的互融［J］．湖南工业职业技术学院学报，2011，11（1）．

[31] 彭宝珍．汤因比与亨廷顿文明论比较研究［J］．黑龙江史志，2010（13）．
[32] 范徵，曹姝婧，王凤华．基于制度文明的跨文化比较管理学新分析框架［J］．比较管理，2010，2（1）．
[33] 陈杰思．比较与启示：中华农耕文明与西方工商文明［G］// 云南孔子学术研究会．孔学研究：第十六辑　云南孔子学术研究会第十六次学术研讨会论文集．云南孔子学术研究会，2009．
[34] 孙烨．“天”与“神”：从宗教的根源比较中国与古希腊文明［C］// 中国自然辩证法研究会．第二届中国科技哲学及交叉学科研究生论坛论文集：硕士卷．中国自然辩证法研究会，2008．
[35] 卞文．古希腊文明与中华文明的比较［G］//中国自然辩证法研究会．第二届中国科技哲学及交叉学科研究生论坛论文集：硕士卷．中国自然辩证法研究会，2008．
[36] 宋丙涛．黄河农耕文明辉煌和衰落的制度性和经济性原因分析［G］//黄河文明与可持续发展．河南大学黄河文明与可持续发展研究中心，2008，1（2）．
[37] 田辰山．两个“文明”大故事，两个“民主”大结构——比较中西方的传统与现实政治结构［G］．北京论坛（2008）文明的和谐与共同繁荣——文明的普遍价值和发展趋向：“传统与现代的国家建构与政治文化”历史分论坛论文或摘要集．北京大学北京论坛办公室，2008：23．
[38] 苏丹．古希腊文明特质及其与中国文明的比较分析［J］．边疆经济与文化，2008（10）．
[39] 方汉文．比较文明与比较文化学［J］．苏州教育学院学报，2008（3）．
[40] 李友东．先秦中国和古代希腊文明起源的地理环境之比较［J］．史学月刊，2007（5）．
[41] 萧功秦．从千年史看百年史——从中西文明路径比较看当代中国转型的意义［J］．社会科学论坛（学术评论卷），2007（1）．
[42] 方汉文．比较文明学的当代形态及研究实践［J］．史学月刊，2006（3）．
[43] 范毓周，王志轩．前轴心时代的中国与希腊——早期中西文明比较研究论纲［J］．东方论坛．青岛大学学报，2004（6）．
[44] 陆敏菊．东西方文明发展基础比较的另一视角——兼论东西方“人治”与“法治”之诞生［J］．苏州科技学院学报（社会科学版），2004（04）．
[45] 林秀玉．古代文明与地理环境之关系——古代中国、埃及及两河流域比较［J］．闽江学院学报，2004（1）．
[46] 李岩．中国与希腊古典文明起源之比较［J］．丽水师范专科学校学报，2003（6）．

[47] 何文贤．“尚善”与“尚武”——中西方传统文明观比较［J］．福建师范大学学报（哲学社会科学版），2003（4）．

[48] 庞卓恒．中西古文明比较［J］．社会科学战线，2001（4）．

[49] 高福顺，刘军．中国与希腊文明起源的比较［J］．长春师范学院学报，2001（1）：37－41．

[50] Yurong Li. Research on the Construction of Marxist Ecological Civilization and Harmonious Society based on Energy－Saving Society［G］//Wuhan Zhicheng Times Cultural Development Co.，Ltd. Proceedings of 2018 International Workshop on Education Reform and Social Sciences（ERSS 2018）．Wuhan Zhicheng Times Cultural Development Co.，Ltd，2018：6．

[51] Enrui Han. Study on Rice Agriculture and Civilization Process in Lingnan［G］//Institute of Management Science and Industrial Engineering. Proceedings of 2018 7th International Conference on Social Science，Education and Humanities Research（SSEHR 2018）．Institute of Management Science and Industrial Engineering：Computer Science and Electronic Technology International Society，2018：5．

[52] HUANG Chihlien. On the Study of Future of the Chinese Civilization：Its Theory，Its Model，Its Metholodogy［G］//北京大学，北京市教育委员会，韩国高等教育财团．北京论坛（2014）文明的和谐与共同繁荣——中国与世界：传统、现实与未来：“比较中的审视：中华秩序的理想、事实与想象”专场论文及摘要集．北京大学，北京市教育委员会，韩国高等教育财团，北京大学北京论坛办公室，2014：1．

专著

[1] 徐达斯．世界文明孤独史：人类精神的伟大起源［M］．北京：作家出版社，2019．

[2] 伍鸿宇．文化传播与文明对话：跨文化交流与比较研究论集［M］．广州：广东高等教育出版社，2018．

[3] 彼得·J. 卡赞斯坦．世界政治中的文明：多元多维的视角［M］．上海：上海人民出版社，2018．

[4] 凯文·凯利．必然［M］．北京：电子工业出版社，2018．

[5] 塞缪尔·亨廷顿．文明的冲突［M］．北京：新华出版社，2017．

[6] 成中英. 中国哲学与世界哲学 [M]. 北京：中国人民大学出版社，2017.
[7] 吴新文. 再造文明：马克思主义与中国 [M]. 上海：上海人民出版社，2017.
[8] 张维为. 文明型国家 [M]. 上海：上海人民出版社，2017.
[9] 阿诺德·汤因比. 历史研究 [M]. 上海：上海人民出版社，2016.
[10] 约瑟夫·奈. 软实力 [M]. 北京：中信出版社，2013.
[11] 福泽谕吉. 文明论概略 [M]. 北京：商务印书馆，2012.
[12] 尼尔·弗格森. 文明 [M]. 北京：中信出版社，2012.
[13] 王文奇. 一本书读懂世界历史 [M]. 长春：吉林出版集团有限责任公司，2011.
[14] 秋实. 世界上下五千年大全集 [M]. 北京：中国画报出版社，2011.
[15] 尹芳林. 消失的古国 [M]. 北京：华文出版社，2009.
[16] 北京大陆桥时代出版物有限公司. 古文明之谜 [M]. 北京：京华出版社，2009.
[17] 邱显平. 当代世界民族冲突问题研究 [M]. 南昌：江西人民出版社，2009.
[18] 张启安，李秀珍. 西方文明史 [M]. 西安：西安交通大学出版社，2009.
[19] 胡娟，唐莉萍，敖素. 中西哲学智慧 [M]. 贵阳：贵州大学出版社，2009.
[20] 冯广宜，郭继荣. 西方文化渊源 [M]. 西安：西安交通大学出版社，2008.
[21] 《失落的文明》编委会. 失落的文明 [M]. 长春：吉林出版集团有限责任公司，2007.
[22] 马克斯·韦伯. 新教伦理与资本主义精神 [M]. 北京：九洲出版社，2007.
[23] 约瑟夫·阿洛伊斯·熊彼得. 经济发展理论：对于利润、资本、信贷、利息和经济周期的考察 [M]. 西安：陕西大学出版社，2007.
[24] 马斯洛. 人类激励理论 [M]. 北京：中国人民大学出版社，2007.
[25] 张秉民. 简明伊斯兰哲学史 [M]. 银川：宁夏人民出版社，2007.
[26] 梅朝荣. 人类简史：我们这 300 万年 [M]. 武汉：武汉大学出版社，2006.
[27] 高晶. 永恒的伊甸园：正说古代巴比伦文明 [M]. 北京：海潮出版社，2006.
[28] 王国富. 军事历史 [M]. 北京：中国环境科学出版社，2006.
[29] 赵林. 西方宗教文化 [M]. 武汉：武汉大学出版社，2005.
[30] 北京师联教育科学研究所. 世界史：古代史编 [M]. 北京：学苑音像出版社，2005.
[31] 夏于全. 世界通史 [M]. 延吉：延边人民出版社，2004.
[32] 谌兵. 世界通史速查手册 [M]. 北京：中国书籍出版社，2004.
[33] 彭长征. 世界主要文化传统概论 [M]. 武汉：华中师范大学出版社，2004.

[34] 冯国超．世界上下五千年［M］．北京：光明日报出版社，2003.
[35] 弗朗西斯·福山．历史的终结及最后之人［M］．北京：新华出版社，2003.
[36] 卡罗尔·奎格利．文明史观［M］．北京：新华出版社，2002.
[37] 马克斯·韦伯．林荣远，译：经济与社会［M］．北京：商务印书馆，1997.
[38] 朱孝远．世界近代前期宗教史［M］．北京：中国国际广播出版社，1996.
[39] 李辑．世界古代前期哲学思想史［M］．北京：中国国际广播出版社，1996.
[40] 道格拉斯·C．诺思．经济史中的结构与变迁［M］．上海：上海人民出版社，1994.
[41] 西奥多·W．舒尔茨．人力资本的投资［M］．北京：北京大学出版社，1990.